论我们
教育机构的未来

——六个公开演讲

〔德〕尼采 著

彭正梅 译

孙周兴 校

商务印书馆
创于1897 The Commercial Press
2019年 · 北京

Friedrich Nietzsche

Uber die Zukunft unserer Bildungsanstalten

Sechs Öffentliche Vorträge

Sämtliche Werke, Kritische Studienausgabe in 15 Bänden

KSA 1: Die Geburt der Tragödie

Unzeitgemäße Betrachtungen Ⅰ-Ⅳ

Nachgelassene Schriften 1870—1873

Herausgegeben von Giorgio Colli und Mazzino Montinari

2. durchgesehene Auflage 1988

本书根据科利/蒙提那里考订研究版《尼采著作全集》第1卷第641—752页译出，并根据第14卷补译了相应的编者注释。

中文版凡例

一、本书根据科利/蒙提那里编辑的15卷本考订研究版《尼采著作全集》(Sämtliche Werke, Kritische Studienausgabe in 15 Bänden,简称“科利版”)第1卷(KSA 1: Die Geburt der Tragödie Unzeitgemäße Betrachtungen Ⅰ–Ⅳ Nachgelassene Schriften 1870—1873)第641—752页译出。

二、中文版力求严格对应于原版。凡文中出现的各式符号均予以保留。唯在标点符号上,如引号的运用,稍有变动,以合乎现代汉语的习惯用法。原版疏排体在中文版中以重点号标示。译文中保留的原版符号,需要特别说明的有:

/:表示分行。

[ ]:表示作者所删去者。

〈 〉:表示编者对文字遗缺部分的补全。

「 」:表示作者所加者。

[—]:表示一个无法释读的词。

[— —]:表示两个无法释读的词。

[— — —]:表示三个或三个以上无法释读的词。

— — —:表示不完整的句子。

[+]:表示残缺。

三、文中注释分为“编注”和“译注”两种。“编注”是译者根据科利版《尼采著作全集》第 14 卷第 41—114 页(对科利版第 1 卷的注解)相应内容译出的,作为当页注补入正文相应文字中,以方便读者阅读和研究。

四、科利版原版页码在中文版相应位置中被标为边码。“编注”中出现的对本书内的文献指引,中文版以原版页码标示。由于中文版把原版单独成卷(第 14 卷)的“编注”改为当页脚注,故已没有必要标出原版为方便注释而作的行号。相应地,“编注”中出现的行号说明也予以放弃,而改为如下形式:×××××……],表明该“编注”涵盖的范围从×××××到该“编注”号码所标记之处。

五、中译者主张最大汉化的翻译原则,在译文中尽量不采用原版编注中使用的缩写和简写形式,而是把它们还原为相应的中文全称。原版编注中对尼采本人著作的文献指引(包括不同版本的文集、单行本)均以缩写形式标示,如以“JGB”表示《善恶的彼岸》,在中文版中一概还原为著作名;原版编注中对科利版《尼采著作全集》诸卷的文献指引,中文版均以中文简写形式“科利版第××卷”的方式标示;唯原版编注中对尼采不同时期手稿和笔记的文献指引,因内容解说过于烦琐,中文版也只好采用原版的简写法,并在书后附上“尼采手稿和笔记简写表”。

论我们教育机构的未来

六个公开演讲[①]

① 1872年，尼采受巴塞尔的“学术委员会”邀请做有关教育改革的公开演讲，尼采只发表了五次演讲。他写了第七个演讲的简略构思。——译注

目　　录

导　言[①]

一

我演讲的标题[②]，应该像其他任一标题一样，须尽可能的确 643
定、清晰和有力，但我现在才注意到，目前的标题太过简短、太过精确，因而又有点模糊和不清晰。因此，我必须首先就这个标题以及本次系列演讲的目标，向我尊敬的听众做些解释，并为不得不这样

---

① 参见：8[60]——编注

② 尼采的演讲涉及德语中表达“教育”的两个概念的区分：Erziehung 和 Biludng。“Erziehung”意思为“教育”，相当于英语中的“education”；而“Bildung”，则为德语世界中被认为是不可翻译的概念，不仅有“教育”(Erziehung)义，但同时也有“文化”“教化”和“自我创化”义。这里的“自我创化”是指一种终身的连续的创造性的自我转化，因此，就时间而言，个体“Erziehung”的终止应该是个体的终身性的“Bildung”，也就是说，制度化的学校教育(Erziehung)就是帮助学习者走上自我创化(Bildung)的道路，尼采有时交替使用“Erziehung”和“Bildung”这两个概念，但更为频繁地使用“Bildung”，而且更加重视后者的“文化”和“自我创化”的意思。其演讲标题“我们教育机构的未来”中“教育机构”的德文为“Bildungsanstalten”，亦即“教化机构”，也显示了这一点。也就是说，在尼采看来，教育机构是为了使学习者亦即尼采所指的少数天才迈向自我创化(“Erziehung zur Bildung”)的机构；而这些天才们的自我创化，对德国社会来说，是文化的创生，对其自身来说是成为“有教养者”(gebildete Menschen)。这里沿用我国哲学界和文学界的翻译，把“Biludng”翻译成“教化”。译者有时也酌情把“Bildung”译为“教育”“教育教化”“自我创化”或“文化”，更多时是意图把这些涵义都纳入到“教化”这个概念之中。读者亦可根据自己的理解把它的翻译还原为“教育”，但绝不能等同于中文中的“教育”概念。详细区分，亦可参考译后记。——译注

做而向诸位致以歉意。我承诺向诸位谈论关于我们教育机构的未来,但我最初根本没有想到去探讨我们巴塞尔地区此类机构的特定未来及其继续发展。因此,即使许多一般性的论述,恰巧也适用于巴塞尔地区的教育机构,我本人也并不想做这样的推断,也不想为这样的推断承担责任。其原因在于,我自认为对这里太陌生,也没有经验,感觉自己远未在这里扎根,远未谙熟这里的情况,从而不能对这里的教育机构的情况做出正确的判断,也根本不能预先确定其未来发展。另一方面,我自己完全知道我是在一个什么样的城市做演讲。这个城市力求以一种不同寻常的规模以及令所有
644 更大国家感到汗颜的标准去促进其公民的教育和教化。因此,我想我肯定有理由来假定,这里的人既对我所要谈论的主题**做**了许多,也一定对此**思考**了许多。我的希望,也就是我的假设是,我能与这里的听众建立一种精神联系,因为他们不仅同样对教育教化问题进行过深入思考,而且也有意志用行动去促进他们认为是正确的事物。考虑到演讲目标的宏大和演讲时间的有限,我唯有对着这些听众,才能使自己得到理解。也就是说,只有他们才能猜度我只能暗示的意义,才能补充我所必须省略的内容。简言之,他们需要的不过是提醒,而非教诲。

因此,我完全拒绝被视为巴塞尔学校问题和教育问题的业余顾问,也不考虑从当今文明民族的整个视野出发来预言教育教化和教育机构的未来。视野太过阔远,就像太过切近一样,都会令我目盲。因此,所谓**我们的**教育机构,不是特指巴塞尔的教育机构,也不是囊括所有民族最广泛意义上的无数形式的教育机构,而是指在这里也受到欢迎的**德国的教育机构**。也就是说,我们这里要

关注和探讨的是德国教育机构的未来，其中，包括德国的国民学校、实科中学、人文中学和大学。[1] 在探讨的过程中，我们将完全不做比较和评价，尤其要警惕这样一种阿谀性的妄念，即，似乎我们的状况对其他文明民族来说是普遍有效的、不可超越的模式和模范。这里只需知道这一点就已足矣：我们的教育机构并非偶然地与我们联系在一起，并非像一件长袍那样加在我们的身上；它们 645
是重要的文化运动的活的纪念碑，在某些方面，它们就是我们的

① 国民学校(Volksschule)，在18世纪德国，特别是普鲁士，是一种国家支持的初等教育机构。1717年，普鲁士颁布法令实施强迫教育，但1781年的调查显示只有四分之一的学生参加国民学校；实科中学(Realschule，词根“Real”在拉丁语中有“事物”的意思)，最初是由虔信学派在18世纪初创立，强调传授有用知识的中等教育机构。1783年哥廷根大学教授格斯纳(J. M. Gesner)强调学校应当教授数学、物理、化学、生物、历史和地理等实科知识和民族语言(即德语)，主张培养有用的公民，而不是学者。实科中学一方面满足了德国的工业发展要求，促进了工业发展，另一方面，也为那些不从事古典研究而期望能在工商业中谋求职位的学习者提供了出路；人文中学(Gymnasium)，是一种使学生获得大学入学资格的中等教育机构。尼采的演讲所着重探讨的就是这种被称为重要的文化运动的纪念碑的人文中学。“Gymnasium”在古希腊是进行身体训练和精神训练的地方，当然身体训练处于主导位置。这个概念在罗马时期并未流行，但在意大利文艺复兴时期重新活跃起来，并在15世纪进入荷兰和德国。1538年，斯图谟(Johannes Sturm)在斯特拉斯堡建立了一所作为德国人文中学的榜样的人文中学。这些人文中学强调拉丁语和希腊语学习，强调学术的教育，以使学生获取大学资格。但从18世纪开始，德语、现代外语(主要是法语)以及自然科学的比重也逐渐增加。经过1735年、1752年和1764年的系列改革，人文中学逐渐为国家控制。1800年，由于新人文主义和洪堡(Wilhelm von Humboldt)的影响，古典教学重又逐渐增强，并强调人的普通教化。1812年，普鲁士规定，所有有权送其学生进入大学学习的学校，一律称为人文中学。19世纪末，人文中学又经历了一次转折，被当时政府要求增加自然科学和现代语教育，强调培养德国人，而不是希腊人和罗马人。自1900年以后，人文主义的文科中学(humanistische Gymnasium)、实科人文中学(Realgymnasium)以及高级实科中学(Oberrealschule)，都可以获得进入大学学习的资格证书(Abitur)。今天，德国的“Gymnasium”，翻译成“文理中学”而非“人文中学”，似更为恰当。——译注

“祖传的家什”[1]，把我们与我们民族的过去联系起来，因此，它们在本根上是如此神圣、如此可敬的遗赠，以至于我知道，我只有在最大可能接近其最初产生的理想的意义上才能讨论我们教育机构的未来。此外，我坚定地相信，目前对这些教育机构所进行的、旨在使其“合乎时宜”[2]的许多改变，大部分都扭曲和偏离了作为其根基的原初的高贵理想。对于这些机构的未来，我们所敢于希望的是，它们在德意志精神的普遍的更新、重振和净化之后，从中获得一定程度的新生。在这种新生之后，它们会显得亦旧亦新，但人们现在对它们所施与的变革则多是力求仅仅使其“现代”与“合乎时宜”。

我准备仅在这一希望的意义上来谈论我们教育机构的未来。这也是我一开始请求听众谅解的第二点。在所有的自负中，最大者莫过于想做先知，以至于一个人说自己不想做先知，在听众看来已觉可笑。在我看来，任何人都不可以以一种先知的腔调来谈论我们的教育教化以及与之相连的教育机构和教育方法的未来，除非他能够证明这种未来的教育教化的萌芽在当代已一定程度地存在，并将在高得多的程度上得到扩展和发展，以对学校和其他教育机构产生一种必然的影响。请允许我像一位罗马内脏占卜师[3]那样，只根据时代的内脏来测度其未来。就我们的主题而言，我正是

① 短语“祖传的家什”(Urväterhausrath)是从歌德《浮士德》借用而来。参见《浮士德》第一部，第408行。——编注

② 尼采出版的第二部著作的书名是《不合时宜的考察》。——译注

③ 内脏占卜师(Haruspex)：根据献祭的动物内脏来占卜未来。内脏占卜最初源于意大利西北部的埃特鲁斯坎部落(Etruscan)，后被引入到罗马宗教。——译注

要预言一种业已存在的教育教化趋势的未来的胜利，尽管当下它 646
并未受到青睐，也不受尊重，甚至也未得到扩展。但我满怀信心地认为，它必将胜利，因为它有着最伟大、最强有力的盟友：自然。无须讳言，我们现代教育方法的许多前提都带有不自然的特性，并且，我们时代最致命的弱点恰恰与这种不自然的教育方法相关联。谁感觉自己与这个时代完全混同合一，认为它是一种“不言而喻”的东西，那我们也不会因为他的这个态度和这个无耻拼凑起来的闻所未闻的时髦词汇“不言而喻”[①]而嫉妒他。不过，谁若是持相反的观点，且已经绝望，那他也就无须再去战斗，只需怀抱孤独，尽速穷居独守。但是，在这种对当代持“不言而喻”态度者和对现实持绝望态度的孤独者之间，还挺立着战士，即仍持有希望的人。在我们眼前挺立的伟大的席勒，就是这类人中最为高贵和最为崇高的代表。就像歌德在《大钟歌·跋》中所描绘的那样：[②]

他的面颊现在越来越红润，
因为那从不离开我们的青春，
因为那勇气，它迟早要战胜
来自于迟钝麻木世界中的抗衡，
因为那信念不断升腾，
时而勇猛地狂飙，时而卑顺地低回，

① 德语“selbstverständlich”（不言而喻）是由“selbst”（自身，本身）和“verständlich”（可理解的，明白的）两个词组成，这里尼采不认可这个词汇，也不认可用这个词汇去对待德国教育的现实状况。——译注

② 参见歌德：《大钟歌·跋》第 49—56 行。——译注

以使善能繁荣滋长，泽被世界，
以使高贵者的时日最终来临。

我希望我尊敬的听众把我至此为止的发言视为类似导言式的开场白，其目的是对我演讲的题目做些说明，以避免可能的误解和不合理的要求。现在言归正传。我将在我演讲的开始划定我基本的思考范围，并将尝试从中引出我对我们教育机构的判断。也就
647 是说，在我演讲的开始，应该有一个清晰表述的论题，以便作为一个盾形饰纹章，提示着来访者他将进入什么样的屋子和庄园，如果他在看过这种盾形纹章之后，还喜欢待在一个如此标记的屋子和庄园，而不是离开的话。我的论题是：

在当代，两种表面相互对立，但其作用同样有害并最终在其结果中汇聚一起的潮流，统治着我们最初建立在完全不同根基之上的教育机构：一种是尽可能**扩张和扩展教育教化**的冲动，另一种是**缩减和削弱教育教化**的冲动。第一种冲动要求在尽可能广的范围内扩展教育教化，但按照第二种冲动，教育教化则应该放弃其最高的骄傲的使命，转而从属于并服务于另一种生活形式即国家。对于扩展和缩减教育教化这两种灾难性的潮流，如果我们有朝一日不能帮助另外两种与之相反的、真正德意志的且一般而言富有前景的倾向获得胜利，那倒真是令人绝望了。我这里指的是教育教化的**窄化**和**积聚**的冲动以及教育教化的**强化**和**自享**的冲动，前者与尽可能扩展教育教化的冲动相对立，后者与缩减教育教化的冲动相对立。我们之所以相信后两种冲动的胜利的可能，乃是因为我们认识到，扩展和缩减教育教化的这两种潮流都是与自然的永

恒意图相背离。把教育教化集中于少数人乃是自然的必然法则。这是普遍的真理。而那两种主导的潮流却只会导致建立一种虚假的、与其根本相悖的教化和文化。

前　　言①

（供演讲前阅读，尽管与演讲内容并无联系②）

我所期望的读者应当持有三种品质。第一，他必须能够心静，能从容而不匆忙地阅读；第二，他必须不把他自己及其所受的教育带入到阅读之中；第三，他不可以指望在阅读结束时获得一套新的公式规则作为最终结果。我不承诺为人文中学和实科中学提出一套新的公式规则和学习计划，相反，我更倾向于赞美那些在这方面具有超强力量的人物。因为他们能够测度整个历程，从经验的深渊上升到真正文化问题的高度，并从那种高度下降到最枯燥的条例细则和最细致的公式规则之低处。而我则只要能够攀登上一个相当高度的小山，喘定之后，可以获得自由的视野，就已深感满意了。在本书中，我永远都不会去满足那些求取公式规则者的嗜好。

① 参见尼采：《五本未撰著作的五个序言》之二。——编注

② 这里出版的《论我们教育机构的未来》的五个演讲，以尼采的亲笔付印稿为据。我们放置在演讲文本之前的是：同《论我们教育机构的未来》的其他资料一起放在尼采一个文件夹中的、1872 年春他写的一个导言，以及出自他 1872 年夏付印稿并且后来作了修改后收集在《五本未撰著作的五个序言》中的一个序言。尼采一度曾想出版这五个演讲（参见尼采 1872 年 3 月 22 日给弗利施（E. W. Fritzsch）的信，见《尼采书信全集》II/1，第 300 页），但稍后又放弃了（参见尼采 1872 年 12 月 20 日给迈森堡（Malwida von Meysenbug）的信，载于《尼采书信全集》II/3，第 103 页及以后）。这些演讲的日期也按时间顺序作了标注。——编注

我真确地看到一个时代正在来临。届时，严肃的人们将一起为彻底地再生和净化教育教化而工作，并将再次成为促进那种新教化的日常教育和教学的立法者；他们也许会再次去制定一系列公式规则。但那个时代距离当代还多么遥远！此间必定还有什么事情会发生！也许人文中学会毁灭，甚至大学会毁灭，或，至少是 649
这些教育机构会得到完全革新。因为今天这些机构的公式规则，在未来一代人的眼里看起来像是人类穴居时代的野蛮遗迹。

这本书是为了那些能够心静的读者而作，因为他们还没有卷进这个飞速转动时代的令人晕眩癫狂的匆忙之中，还没有感受到一种为时代的车轮所辗碎时的献身偶像般的快乐。也就是说，本书是为了少数人而作！但是，这些人还必须没有习惯于根据所节约或所浪费的时间的量来评估每一事物的价值，他们"仍然拥有时间"；他们毫无愧疚、毫不自责地选择和寻求一天中的好时光以及那些富有成果和活跃有力的时刻，来思考我们教育教化的未来；当傍晚来临时，他们还可以自信自己以真正有益和富有尊严的方式度过了白昼；他们还可能相信他们用十分有益和富有尊严的方式，也就是，以思考未来的形式的方式，度过他们的白天。这种人在阅读时仍没有忘记思考，他善于捕捉字里行间的秘密。他就是这么不吝惜时间，也许在放下书很久之后，仍会对所阅读的内容进行思考。而且，这不是为了去写一个书评，或也去写一本书，而仅仅是为了思考！你这该罚的挥霍者！但你正是合我心意的读者。你心静无忧，足以陪伴作者任何距离，[①]即使其道路的目标只有在许多

① 可能是化用《圣经》马太福音（第5章第41行）中的句子："有人强逼你走一里路，你就同他走二里。"——译注

代以后才能完全看清！相反，如果读者心浮气躁，愤而冒进，急于摘取整整一代人也未必能获得的果实，那么，我们不得不担心他没有理解作者。

我对于读者的第三个，也是最重要的要求是，他在任何情况下都不应该按照现代人的方式，不断地将他自己和他的教育教化带
650 入其阅读活动之中，似乎那是一切事物可靠的衡量尺度和标准。相反，我们倒是希望他拥有足够的真正教化，从而能够看轻甚至蔑视自己所曾受到的教育，然后能完全信任作者的引导。这样，他才可能完全相信作者的引导，因为作者正是凭借无知并认识到自己的无知，才敢于对读者如此说话。作者所希望的不过是点燃他对德国当代特定野蛮的强烈感受，也就是感受那种与其他时代的野蛮如此鲜明地区分开来的 19 世纪的野蛮。

现在，作者手里拿着这本书，寻求这里或那里为类似感受所驱使的同道。让我找到你们，你们这些孤独者，我相信你们的存在！你们这些无私的人，你们遭受着德意志精神的堕落和患病的痛苦！你们这些沉思的人，你们的眼睛不是匆忙地触及事物的表面，而是善于发现通向事物本质的核心的入口！你们这些高贵的人，如亚里士多德所赞扬的，你们会踌躇且无为地度过自己的一生，除非伟大的荣誉和辉煌的事业召唤你们去行动！[1] 现在，我所召唤的正是你们！仅这一次，请你们不要躲进你们的孤独和不信任的洞穴里！至少做本书的读者吧，为的是以后通过你们的行动来否定和遗忘它！请想一想，它注定要做你们的传令官！但是，一旦你们自

① 参见亚里士多德:《尼各马可伦理学》1124b，第 24—26 行。——译注

己全副武装出现在战场上，谁还有兴趣回头看一看召唤你们战斗的传令官呢？

651

第一次演讲

尊敬的听众，我请你们与我一起思考的主题，是如此地严肃，如此地重要，在某种意义上又是如此地令人不安，以至于我也和你们一样，会乐于去倾听任何一个承诺对此有所赐教之人，即使他还如此年轻，甚至他自己也认为不可能凭借他自己的力量去做出某些与这个任务相称的令人满意的阐释。不过，可能的情况是，关于我们教育机构的未来这一令人不安的问题，他曾**听到**过某些正确的观点，现在想对你们复述一下。还有一种可能是，他曾有过这样一些非凡的良师：他们就像罗马内脏占卜师那样，完全能够从时代的内脏出发来对未来做出预言。实际上，你们可以对我做此类的期待。我也确实曾经在一次稀有的、基本上十分安全的情况下，听到了两个非凡之人之间的一次谈话。这个谈话围绕的正是我们的主题，而且，其要点、考察问题的方式和方法，如此牢固地印刻在我
652 记忆里，以至于每当我思考类似的事情时，都已不可能不陷入与他们相同的思考之道上。只是我时常没有那两个人曾表现出的那种坚定的勇气。他们令我震惊地、大胆地说出了被禁止的真理，更为大胆地表达了他们的希望。因此，我越来越认为，一劳永逸地记录下这场谈话，以激励其他人对如此非凡的观点和结论进行评判是有益的。这里，我有特别的理由相信，我恰好可以利用这次公共演

讲的机会。

我非常清楚我是在什么地方建议对那场谈话进行一般性的思考和反思。这个地方,也就是巴塞尔,正力求以一种不同寻常的规模以及令所有大国感到汗颜的标准去促进其公民的教育教化。因此,我想我肯定有理由来假定,这里的人既对我所要谈论的**做**了许多,也一定对此**思考**了许多。唯有对着这些听众,我才能使自己对那场谈话的复述得到完全理解。也就是说,只有他们才能猜度我只能暗示的意义,才能补充我所必须省略的内容。简言之,他们需要的不过是提醒,而非教诲。

现在,我尊敬的听众,下面我就开始叙述我那次安全的经历,以及那两位不知名姓之人不太安全的谈话。

让我们想象处于一个青年学生的状态。他的这种状态在我们时代的不安和躁动的运动中几乎已是不可能的、不可思议的。我们必须想象经历一下这个状态,以让我们认为这样一种无忧无虑的自我安静,一种逃离当下的,甚至无时代羁绊的满足和愉悦是可能的。在莱茵河岸边的波恩大学,我和我一个同龄朋友就是在这 653
种状况中度过了一年光景。这一年,我们没有任何关于未来的计划和设想。现在看来,那简直就像是一场梦,一场为其之前和之后两个成长时期所框定的梦。我们两人不受干扰,心安而气定,尽管我们是与一个人数众多的、根本兴趣和追求与我们迥异的学生社团生活在一起,尽管有时我们不免要疲于满足或拒绝这些同龄人过于热闹和繁复的要求。但是,即使这种与那些有着相反追求的人的虚与委蛇,现在回想起来,也始终具有一种类似我们做梦时受到各种阻碍的性质:我们做梦时会相信自己能飞翔,但总是感觉被某种不明的障碍拖住和拖回。

从少年开始，从我们的人文中学时代开始，我和我的这个朋友就有着无数共同的记忆。我这里必须特别指出其中的一个共同记忆，因为它是过渡到我将要转述的那次安全无害经历的桥梁。我和我的朋友曾在某年的夏末去莱茵河旅游，我们几乎在同一时间和同一地点不约而同地，实际上是每人为自己，想出了一个计划。我们为这种不同寻常的心灵相通所震撼，决心把这个计划付诸实施。我们当时决定成立一个由少数志同道合的同学组成的小协会，其意图是为我们在文学和艺术方面的富有创造性的倾向找到一个固定的、有约束力的组织形式。更明白地说，我们规定，我们有责任每人每月向我们的小协会提交一件自己的作品，它可以是一首诗、一篇论文、一幅建筑草图或一部音乐创作；然后要求其他所有人本着友好的精神对这些作品进行自由的不受约束的评判和批评。[1]
654 因此，我们相信，通过相互的监督和校正，我们既可以激发，也可以限制我们的教化冲动。事实上，这个计划的落实如此成功，以至于我们对这个想法诞生的那个时刻和地点始终保持着一种感激和敬畏之情。

我们很快就为这种情感找到了恰当的表达形式。我们彼此约定，只要可能，我们就会在每年的那一天去造访那个位于罗兰采克[2]附近的僻静之地。中学时的那个夏末，我们正是坐在那里沉思冥

---

① 尼采在就读 Schulpforta 人文中学时，确实建立过类似的协会。他与平德尔(Wihelm Pinder)和克鲁格(Gustav Krug) 建立了一个名为“日耳曼尼亚”(Germania)的小协会。——译注

② 罗兰采克(Rolandseck，又名 Rolanswerth)：莱茵河岸边的一个小镇，在雷马根(Remagen)市内，距离波恩 20 公里左右。据说查理曼大帝的骑士死于此。——译注

想，并为突然降临的相同约定所欢欣鼓舞。准确地说，我们并未足够严格地遵守这个约定。但是，恰恰由于这个原因，这些疏失在良心上造成的罪责感，使得我们在波恩大学这一学年期间，在莱茵河岸较长居住之时，不仅决心要更为坚定地遵守我们的规定，而且决定在约定的日子，虔诚而隆重地去拜访罗兰采克附近的那个地方，以满足和慰藉我们的感激之情。

但是，这对我们并非易事，因为恰恰在那一天，我们那个人数众多的、活跃的社团竭尽全力阻止我们“飞翔”，[1]妨碍我们实施我们的计划。我们社团决定在这天举行一次去罗兰采克的盛大郊游，目的是在夏季学期结束之时再次确认其全体会员，然后让他们带着最美好的告别记忆返回家乡。

那天属于那种完美天气之一。这种气候很是罕见，唯有夏末才可能出现：天地静谧和谐地在远处相拥在一起，在煦暖的日光中闪烁生辉，秋日的凉爽与蔚蓝的苍穹交融一体。我们穿上了在一个阴郁流行的时代只有大学生才钟爱的明亮缤纷的奇装异服，排 655
成队伍，登上一艘特地为我们装点上喜庆的三角旗的汽船。轮船的甲板上插着我们社团的旗子。莱茵河两岸不时地响起信号枪的声响。这是按照我们的指令而发射的，目的在于告知莱茵河岸的居民，特别是我们在罗兰采克的东道主我们到达的消息。现在，我将不再叙述从码头出发、经过令人感到激动和好奇之地的嘈杂的旅程，也不叙述并非每个人都理解的、在大学生之间流行的乐子和笑话。我将不再讲述那场逐渐活跃，甚至变得狂野的宴饮，也不再

① 这里也许在暗示前文提及的梦中飞翔。——译注

讲述那场不可思议的音乐会。参加宴饮的所有人都必须参与这场时而独奏、时而合奏的音乐会。我是我们社团的音乐顾问,曾负责音乐会的排练,现在则不得不担任指挥。当音乐会走向有点狂放、节奏越来越快的结尾之时,我向我的朋友做了个手势,就在类似嚎叫的最后一个和弦之后,我和我的朋友就从门口溜走了,将几乎是怒号的深渊关闭在身后。

我们一下走入了突然令人清爽的、静谧的大自然中。太阳沉静地发着光,但已西沉了许多,万物的阴影相应伸长。一缕清风从莱茵河闪着绿光的波浪上吹来,略过我们热烫的面颊。我们庄严隆重的纪念仪式定在那天白昼最后若干小时里举行,因此,我们想到用仪式之前的白昼时光来练习我们一个孤僻的爱好。我们当时有许多这样的爱好。

我们当时都热烈地爱好射击。多年以后,我们发现这个业余习得的技能对在军中服役有很大用处。我们社团的一个仆役知道我
656 们这个远处高地的射击场,并事先把我们的手枪送到这里。罗兰采克后面较低的山脊为树木所覆盖。射击场就是位于山脊较高部分一块小的不平之地。被我们尊为神圣的沉思之地,就在射击场附近。我们那年夏末就是在那块沉思之地决定创立我们的小协会。射击场的侧面有一片长着树木的斜坡。斜坡上有一个小的林中空地。那是一个邀人驻足的地方。从那里,我们的视野穿过前面的树木和灌木,可以看到莱茵河,也可以看到,正是七峰山①,特别是龙岩

① 七峰山(Siebengebirge):莱茵河岸边七座小火山。关于七峰山有许多传说。有传说认为,每座山都是一个巨人的身体。——译注

山[1]美丽蜿蜒的曲线把成片树木隔离开来。诺嫩沃特岛[2]位于波光粼粼的莱茵河所形成的弓形的中央，像是被莱茵河搂在自己的臂弯里。那块林中空地就是为我们共同的梦想和计划所圣化的地方。在傍晚稍后的时间里，我们要去那块林中空地，甚至是必须去，如果我们想按照我们的计划来结束那一天的话。

在离射击场那块不平之地不太远的地方，孤零零地站立着一棵粗壮的橡树墩。树墩的周围是些没有树木灌木的平地和低矮起伏的小山丘。我们曾合力在这个橡树墩上刻了一个清晰的五角星。这个图形由于经年的暴雨而有点扩大，从而成为一个理想的射击靶子。当我们到达我们的射击场时，已是下午晚些时候了。那棵橡树墩在裸露的荒原上投下更长、更瘦的身影。此时万籁俱静。由于脚下高耸的树木的遮蔽，我们难以看到下面的莱茵河和深谷。在这个僻静的地方，我们射击的尖锐的回响更加令人震撼。就在我瞄准五角星要发射第二枪时，我感觉到有人有力地抓住我的胳膊，同时我看到我的朋友也被以类似的方式阻止装填弹药。

我迅速转过身来，看到一张老人的愤怒的脸，同时我也感到似 657
乎是一条凶猛的狗扑向我的后背。我们，也就是我以及被另一个较年轻的陌生人所阻止的我的朋友，还未来得及表达我们的惊奇，那位老者已经用威胁性的、激烈的声调开腔了。

“不！不！”他向我们喊道，“不要在这里决斗！”“你们这些年轻的大学生，尤其不可以决斗！把枪扔掉！冷静下来，彼此和解，握

① 龙岩山(Drachenfels)：七峰山之一。——译注

② 诺嫩沃特岛(Nonnenwörth)：莱茵河上靠近罗兰采克的一个小岛。——译注

手言和！怎么？你们是大地的盐，是未来的精英，是我们希望的种子。难道你们还没有从那愚蠢的荣誉问答手册及其暴力正义的原则中解放出来吗？我不想伤你们的心，但你们的大脑并未为你们争得荣誉。你们在青少年时得到了古希腊罗马的语言、智慧的滋养和保育，人们以不可估量的辛苦和操心，使你们年轻的心灵很早就沐浴在美丽的古代世界的智者和英雄的光芒之中。难道你们在经历这样的教育教化之后，竟仍想把骑士荣誉的信条，也就是非理性的和野蛮的信条，作为你们行为的准则吗？再理性地探讨一下这信条吧，把它变成清晰、明白的概念吧，揭露其贫乏的狭隘性，但不要用你们的激情，而是要用你们的理性作为标准来检验它。如果你们现在不能抛弃它，那么你们的大脑就不适合做这个领域的工作：这个领域需要轻松打破偏见之束缚的有力的判断力，需要一种能区分正确与错误的严格的理性，而且正确与错误之间的差异隐藏很深，并不像现在这里的情况这么容易判断。若你们不具有这样的判断力和理性，那么，我的好人们，你们还是寻求另一种诚实的方式来度过一生，或去当兵，或去学一门手艺，以获取有保障的未来。”

对于这种虽有道理但却有点冒犯的宏论，我们的回应也比较
658 激烈，我和我的朋友相互打断对方说话、争抢着说道：“首先您搞错了主要事项，因为我们来这不是决斗，而是练习射击。第二，您也好像根本不知道什么是决斗。您怎么认为我们像两个强盗一样来这个僻静的地方决斗，而且还没有带上证人或医生？第三，对于决斗问题，我们每个人都有自己的立场，我们不希望您用这样的高谈阔论来攻击和吓唬我们。”

这种肯定不礼貌的回应给那个老者留下了恶劣的印象。当他注意到我们不是在决斗时，他先是温和友好地打量了一下我们，但当他听到我们最后一句话时，他又恼怒和吼叫起来。当他听到我们竟然敢于谈及自己的立场时，他有力地抓住他的同伴，迅速转过身来，严厉地吼道："人不能仅有立场，还必须有思想！"他的同伴也对着我们补充道："即使这样一个人会搞错，但还是要敬畏他！"

但是，我的朋友期间说了一句"小心！"又装上子弹朝着那个橡树墩上的五角星发射了一枪。老者背后这一突然的枪声，使他盛怒不已。他又转过身来，满是敌意地盯着我的朋友，然后用更弱的声音对他年轻的同伴说："我们应该怎么做？这两个年轻人的枪声会摧毁我。"

"你们必须知道，"老者的年轻同伴转向我们说，"你们此刻震耳的射击消遣，是对哲学的真正谋杀。请看看，这位令人尊敬的长者，他在请求你们不要在这里射击。而且，如果这样一个人在请求你们……"

"是的，就算是我的请求。"那位白发老者打断他同伴，并严厉地看着我们。

实际上，我们也真不知道在这种情况下该做什么。我们也不清楚，我们有点噪声的射击爱好与哲学有什么关系。我们同样也 659
不清楚，为什么我们必须出于莫名其妙的礼貌考虑而放弃我们的射击。此时，我们犹豫不决和愤怒不悦地站立着。老者的年轻同伴注意到了我们的困窘，便向我们解释事情的缘由："我们必须在这附近待上若干小时。我们有个约会。这位杰出的哲学家今晚要在这儿会见他一位杰出的朋友。我们选择了一个靠近这里的小树林里有些长椅的僻静地方，作为这次的重逢地点。如果我们持续受到你们射击声的惊扰，那就太不愉快了。我认为，当你们知道眼前这位选择这一安静的僻远之地来会见其朋友的白发老人，是我们最著名的哲学家之一，你们的情感也不会允许你们再继续在这里练习射击了。”

但是，他的这通解释反而令我们更加不安了。我们现在看到一个比仅仅失去射击场更大的危险在逼近我们，便急切地问：“你所说的安静的约会之地在哪里？莫不是在这里左边的小树林里？”

“正是那里。”

“但是，那个地方今晚属于我们两个，”我的朋友插话道；“我们必须拥有那个地方。”我们两个一齐喊道。

对我们来说，我们早已决定的神圣纪念在此时此刻要比世界上所有的哲学更重要。我们如此急切、如此激动地表述我们的感受，如此令人费解地、急迫地表达我们的愿望，以至于在不了解我们秘密的那位老人及其年轻同伴看来，可能显得有点荒唐可笑。至少，我们这位哲学家兼侵扰者微笑地、质询地看着我们，似乎在期望我们做出某种道歉或解释。但是，我们保持沉默，因为我们首先想保守我们的秘密。

660 我们这两个阵营就这样无声地对峙着，落日的余晖将树梢涂上了金黄色。此时此刻，哲学家看着落日，那个同伴看着哲学家，我们两个则看着小树林里那个今晚可能要丢失的隐身之地。一种愤怒之情席卷了我们。我们自问，如果哲学阻止我们成为我们自己，阻止与朋友独处的乐趣，如果哲学阻止我们成为哲学家自身，那么，哲学到底是什么呢？因为我们相信，我们对我们共同记忆的纪念具有真正的哲学本性。我们希望借以形成我们对未来的严肃的目标和计划。我们希望通过孤寂的沉思，能够以类似的某种方式再次帮助我们找到在未来构成和满足我们最内在的心灵的东西，一如少年时代那个富有创造性的举动所发现的那样。那个庄严的行为的意义恰恰就存在于其自身之中。除了处于孤寂、单独的状态中静静地思考和沉思，我们什么也不想做，就像五年前我们在沉思中不约而同地做出那个决定一样。它应该是一场静默的纪念，完全是过去，完全是未来，而现在则不过是过去与未来之间的破折号。可是眼下，一个不友好的命运闯入我们的魔圈，而且我们也不知道该如何除去它。在这次异乎寻常的遭遇中，我们甚至感觉到了某种神秘的诱惑和刺激。

敌对双方无声地对峙了一段时间。晚霞越来越红，黄昏越来越安静，越来越柔和，我们仿佛听到了大自然均匀的呼吸。大自然用最后一抹余晖完成了一天的工作，像是很满意自己的艺术作品，即一个完美的白昼。就在此时，从莱茵河那边传来的狂热而混乱的欢呼声划破了静谧的黄昏，远处人声更加响亮嘈杂——这自然都来自我们的大学同学。他们这时想必是在莱茵河上泛舟游览。我们想到，我们被他们丢下了，同时我们也将会丢失些什么。几乎 661
同时，我和我的朋友又举枪射击。枪击的回声又传到我们这儿，连同这回声，从莱茵河谷也传来一声熟悉的叫喊。他们是在应答我们的信号，他们知道我们是社团著名的同时也是声名狼藉的射击爱好者。

但同时，我们意识到我们的行为是对那两位沉默的新来者最大的不敬。他们之前一直静静地看着我们，这时被我们的枪声吓得跳到一边去了。我们迅速走向他们，交替说道：“请原谅。这是我们最后一次射击。这是为了用枪声呼应我们莱茵河上欢呼的朋友。你们听到他们了吗？如果你们真的坚持要去小树林里的那个安静之所，那么你们必须至少要允许我们也去那里。那里有若干长凳。我们不会打扰你们的，我们将安静地坐着，不发一言。现在七点已过，[①]我们这就**必须**去那里。”

“这听起来比实际情形更加神秘，”停顿一会儿，我补充说，“我和我朋友之间有个最严肃的承诺，此后几个小时要在那里度过。这也是有原因的。那个地方对我们来说由于美好的回忆而有点神圣，它也应该会为我们开创一个良好的未来。因此，我们会注意不给你们留下任何不快的记忆，尽管我们已多次打扰并惊扰你们。”

哲学家继续沉默，但他年轻的同伴说：“可惜，我们的承诺和约定也强迫我们不仅要待在你们选择的那个地方，而且也必须在同样的时间待在那个地方。我们现在可以选择决定是命运还是小精灵[②]为这种遭遇负责。”

662 “此外，我的朋友，”哲学家劝慰地说道，“我现在对我们这两个爱好射击的年轻人比以前更加满意了。你观察到没有，我们刚才对日沉思时，他们是多么安静？他们既没有说话，也没有抽烟，他们只是静静地站着，我甚至认为他们在沉思。”

哲学家马上转向我们说道：“你们**是**在沉思吗？当我们一起去那块我们共同的安静之所时，请你们向我说说。”我们一起走了几

---

① 罗兰采克夏日的黄昏要七点左右才开始。——译注

② 在德国民间传说中，小精灵时常在房子里游荡，有时给人帮助，有时也捣乱作祟。——译注

步，向下通过一个斜坡，进入到那个小树丛中温暖的雾气之中。小树林里越发幽暗。我的朋友在途中毫无掩饰地告诉哲学家他当时的想法：他多么担心，生平第一次，一位哲学家会阻止他进行哲学思考。

白发老者笑道："怎么？您担心一个哲学家会阻止你们二位进行哲学思考？这也许会发生。你们还没有经历过这样的事吗？你们在大学还没有这方面的经历吗？可你们肯定听过哲学讲座吧？"

这个问题让我们很困窘。因为直到那时，我们的教育中还从来没有一点哲学。而且，我们那时还善意地相信，任何在大学里拥有哲学教习和哲学家头衔的人，就必然是哲学家。我们对此没有经验，受教极少。我们坦率地承认，我们还没有听过哲学课程，不过，肯定会去弥补。

"那么，"他问，"你们怎么说要'进行哲学思考'？"

我说，"我们不知道如何界定这一概念。不过，我们的意图和目的不过是想认真思考如何最有可能成为一个有教养者，成为一个受过教化之人。"

"这个意图既太多，同时又太少，"哲学家抱怨道，"那就去思考
这个问题吧！这是我们的长凳。我们想离你们远些。我们不想打
扰你们思考如何成为有教养者。我祝你们好运，祝你们有自己的
立场，就像你们对决斗问题一样，有自己全新的、明智的立场。哲 663
学家不会阻止你们进行哲学思考，但请你们至少不要用你们的枪
声惊扰他。请你们今天效仿一下毕达哥拉斯的门徒：要成为一种
真正哲学的奴仆，就必须沉默五年。你们也许能够沉默五刻钟，以
成为你们如此急切关注的、自己的未来教化的奴仆。"

我们到达了我们的目的地，开始了我们的纪念庆典。就像五年前那个时候一样，莱茵河仍在脚下的薄雾中流淌，天空依然明亮，树木吐着同样的芬芳。我们坐在离哲学家最远长凳的最远一角，就像隐藏起来一样，这样，那位哲学家及其同伴也就看不到我们的正面。我们处于孤寂和独处状态了。当哲学家的声音轻缓地到达我们这里时，它就与树叶的沙沙声、密集于树丛高处的无数生物的嗡嗡声混合在一起，几乎汇成一首大自然的乐曲。这样，哲学家的声音对我们来说，就像是远处单调的诉说。我们确实没有受到干扰。

就这样过了些时间。晚霞逐渐褪色，而我们对我们少年时自我教化的壮举的回忆越来越清晰。在我们看来，我们要将最大的感谢送给我们成立的那个特别的小协会。它不仅是我们中学学习的补充，还是我们所参加的唯一带来硕果的社团。在它的框架之内，我们甚至把我们就读的人文中学也只视为服务于我们普遍追求教育教化的一个手段。

我们清楚地知道，由于我们这个小协会，我们当时从未想到所谓的职业问题。国家总是希望教育能尽可能快地培养有用的官员，并通过过于严格的考试来确保他们无条件的服从，但是，国家这种对青少年年华的太过频繁的剥削和压榨，从未在我们两人的
664 教育教化中发生过。我们如何不受功利、有用、加速成长和快速成功等时弊的影响，只需看看今天仍使我们感到安慰的一个事实：我们俩即使今天也不真正知道我们应该成为什么，而且，我们甚至并不为此忧心忡忡。我们的小协会在我们身上滋养了这种幸运的无忧无虑。正因为如此，我们在纪念它时满怀感激之情。我曾经说

过，这样一种无目的地沉溺于当下的优哉游哉，这样一种安躺于当下的摇篮中的逍遥自在，对于我们这个痛恨一切无用的时代来说，几乎是难以置信的，至少是值得谴责的。我们是多么无用啊！但我们对我们的无用又是多么骄傲啊！我们俩甚至争论谁应该拥有更加无用的桂冠。我们希望我们不看重什么，不代表什么，不欲求什么，不思虑明日，只想做安逸地活在时代的门槛即当下的无用之徒。我们确实做到了。祝福我们！

我亲爱的听众，这就是我们当时的想法！

在沉浸于这种庄严的自我考察之后，我现在将用同样自满的口气来回答**我们的**教育机构的未来的问题。这时，我逐渐发现，从哲学家长凳传来的大自然的乐曲此时已失去其最初的性质，变得更加有力和清晰。我突然意识到自己在听，在偷听，在竖着耳朵全神贯注地倾听。我推了推也许有点倦意的朋友，轻声地对他说：“别睡！那边有我们可学的东西。它适合我们，尽管不针对我们。”

这时，我听到那位哲学家的年轻同伴如何激动地为自己辩解， 665
而那位哲学家则用越来越有力的语调对他进行指责。“你丝毫没有变化，”哲学家对其年轻同伴吼道，“可惜，没有丝毫变化。七年前我带着担忧和疑虑让你离开。真是不可思议，你仍是七年前我最末一次见到时的那个样子。尽管不愿意，我还是不得不再次剥去你在这七年期间给自己穿上的现代教育之皮。我将在下面发现什么？仍然是同样不变的‘理智的’性格。但正如康德所理解的，理智的性格可能也是一种必然性，不过，却是一种很少给人以安慰的必然性。我扪心自问，你智力并不平庸，也有真正的求知欲，但我整整一年的陪伴和交往，却未能在你身上留下任何令人深刻的印象,那么,我的哲学家生涯还有何意义!你现在的言行举止,表现出就像从未听过所有教育教化的基本原理似的。而在我们以前的交往中,我经常向你教导这个基本原理。现在,请告诉我,这个原理是什么?”

“我记得,”那个挨了责骂的年轻弟子回答说,“您过去经常说,如果人们知道,实际上达到以及一般而言能够达到真正有教养之人的数量,是如此难以置信地稀有,那么就不会有人去追求教育教化了。但是,如果没有数量庞大的众人只是由于一种幻象诱惑而从根本上违反其本性地参与追求教育教化,那么,即使是数量如此微小的真正有教养之人也是不可能出现的。因此,人们不能公开泄露真正有教养之人的数量稀少与教育机构的数量巨大之间这种荒谬可笑的不对称性。在这种不对称中隐藏着教育教化的真正秘密:无数的人似乎是在为自己追求教育教化,并为此而努力工作,而实际上不过是在使极少数的人获得教化成为可能。”

“正是这个原理,”哲学家说,“但是,你怎么可能会忘记其真正
666 的意义,以至于会相信你自己就是这极少数中的一个?你是这样想的,我看得很清楚。但这是我们这个有教养时代的卑劣的标志之一。这是在把属于天才的权利民主化,以解除个体对教育教化追求的辛劳和需要。如果可能,每个人都想在天才所植的大树下乘凉,想要逃脱为天才工作以使天才可能产生的沉重使命。怎么?你太骄傲,而不愿做教师?你看不起那些蜂拥而入的学生?你藐视教师的义务?你想怀着敌意与这些学生划清界限,复制我和我的生活方式,去过一种孤寂的生活?你想一下子达到我经过长期顽强的斗争最终才获得的东西,即能够作为哲学家而生活?难道

你不担心孤寂的生活会对你施加报复？要尝试成为一名教化的隐遁者，人们必须拥有充盈的丰富和丰沛，从而能够去过一种从自身出发而为宇宙万物的生活！不平凡的年轻人！你们认为所必须模仿的恰恰总是最困难的、最高的，而这些只对大师才是可能的。只有他们才知道这种生活是多么困难，多么危险，又有多少杰出的天赋会因为尝试去过这种生活而被毁灭！”

“我不想对您有所隐瞒，我的导师，”那个年轻弟子回答说，“我从您这听到太多的教导，也有您太长时间的陪伴，从而不能完全向我们现今的教育事业和教育体制投降。对于您过去向我指出的那些缺陷和弊端，我的感受太鲜明了，因此，如果我选择勇敢地与它们做斗争，那么，我清楚地知道我并无足够的力量去获取成功。一种彻底的气馁侵袭、征服了我。逃入孤寂，求助于隐遁，并不是因为我高傲自负。我乐意向您描述我所认为的当今如此活跃、如此 667
引人注目的教育教化问题的特征。我想我必须对**两个**主要倾向加以区分：两种表面相互对立，但其作用同样有害并最终在其结果中汇聚一起的潮流，统治着我们的教育机构：一种是尽可能**扩张和扩展**教育教化的冲动，另一种是**缩减和削弱**教育教化的冲动。一种倾向要求，基于不同理由，教育应该扩展到尽可能多的人；另一种倾向则相反，要求教育教化放弃其最高尚的、最高贵的和最崇高的使命，转而屈尊去服务于另一种生活形式，比如国家。”[①]

“我相信我已经发现了，尽可能扩展教育教化的呼声在哪些方面最为强烈。这种扩展论主要是基于现代最受欢迎的国民经济学

① 参见《导言》部分最后一段。——译注

学说。[①] 其公式大致如此：尽可能多的知识和教育，因此，尽可能多的生产和需求，因此，尽可能多的幸福与快乐。在这里，利益，或更确切说，收益，即尽可能多地挣钱，成了教育教化的目的或目标。现在，从这方面，教育教化似乎被界定为一种明智认识，人们借以保持在‘其时代的高度’上，识别所有通往财富的最便捷的途径，掌控人际之间和国民之间交往的一切手段。这样，教育教化的本来任务似乎变成了尽可能地培养‘通用’之人。这里的‘通用’意思类似人们指称钱币的‘通用’。[②] 似乎这种通用之人的数量越多，一个国家的国民就越幸福。而这恰恰必须是现代教育机构的目的：按照一个人的天性所允许的程度，来促使他变得通用，使他从特定
668 的知识和认识的程度去获取最大可能程度的金钱和快乐。每个人都必须精确地自我评估；他必须知道他可以对生活的理性的期待是多少。按照这种理解，‘智识与财产的结盟’完全变成了一种道德要求。任何使人孤寂独处、超越金钱和收益以及花费太多时间的教育教化都受到了憎恨和厌恶。人们总是想把其他的教育教化倾向作为更高级的‘自我主义’，作为‘不道德的教育伊壁鸠鲁主义’而加以消除。按照时代认可的道德风尚，人们要求的是相反的东西，也就是一种**速成**的教育，以迅速成为一个挣钱的生物；他们要求的是这样一种彻底的教育，以成为一个挣**很多**钱的生物。人们只被允许获得与其挣取的利益相适应的数量的文化；他也只需

① 此段的余下部分略微改动后被《作为教育者的叔本华》第 6 部分所引用。参见科利版《尼采著作全集》第 1 卷，第 387 页第 23 行至第 388 页第 25 行。——译注

② 法语的“courant（通用）”与英语“currency”（通货，货币）有关。——译注

要这些数量的文化。简言之,[①]人类对尘世幸福有着必然的要求,因为这个原因,他们对教育教化也有一种必然的要求,但也只限于这个原因!"

"我打断一下,"哲学家说,"在你清晰的描述中出现了一个巨大且可怕的危险,即这些大众不知什么时候会一下子跳过中学教育这个中间阶段,而直接奔向尘世的幸福。人们现在把这个危险称为'社会问题'[②]。也就是说,对这些大众而言,最大多数人的教育教化,只是最少数人的尘世幸福的手段。这种最大可能普及的教育,如此地削弱了教育,以至于教育再也不能赐予任何人以特权和尊重了。[③] 最大可能普及的教育,恰恰就是野蛮。好的,我不打断你继续论述了。"

哲学家的年轻同伴继续说:"人们到处如此勇猛地扩展教育,除了那个如此受到追捧的国民经济学的教条外,还有其他一些动机。在有些国家,人们如此普遍地担心宗教压迫,如此显著地担心宗教压迫的后果,以至于社会各阶层都贪婪追求教育,为的是吮吸 669
教育中被认为可以消解宗教本能的因素。另一方面,国家为了自我保存,也到处尽可能扩展教育,因为它知道自己足够强大,足以

① 简言之] 国民的幸福是每个人的事:逃避这种国民劳动是不道德的。若此,社会阶层将会停留在低等阶段,然而其本可以在更高阶段创造更多的财富。简言之。——编注

② 问题'] 在 8[57] 部分继续。——编注

③ [也就是说……和尊重] 因为对于多数人来说,教育目的不过是成为少数人的尘世幸福的工具。看来,智识并不能立即实际地转化为金钱。而且,没有人能够证明为什么只有教育才能给予享受尘世幸福之权利的必然性:它只是一种手段:谁说,它是唯一的手段,必要的手段?——编注

把教育所带来的最为强烈的解放纳于自己的控制之下。事实也证明了这一点。得到尽可能扩展的教育，不仅对其公务员或军队，而且最终总是只对国家自身有利，即对国家与其他国家的竞争有利。在这种情况下，国家的基础必须足够广阔和坚固，从而仍能够平衡其所支持的复杂的教育大厦，就像在第一种情况下一样，即，过去的一次宗教压迫的遗迹必须仍足以清晰可感，以逼迫人们寻求一种如此可疑的对抗手段。因此，哪里响起了最广泛地扩展其国民教育的呼号，我总是爱去区分激发这种呼号的是对利益和财产的贪婪渴求，是对上一次宗教压迫的记忆，还是国家精明的自我算计。

“与此相反，在我看来，还有一种虽非十分响亮但至少同样重要的呼声，即**缩减教育**的倾向。在整个学术圈子，人们已习惯于悄悄地谈论这一倾向：一个普遍的事实是，由于现在追求榨干学者以服务于科学，学者的**教育教化**已变得日益偶然和不可能了。因为现今的科学研究已经如此广泛地扩展，从而使得那些不具有超常智力但天赋良好之人，若想有所成就，就必须沉浸于一个特殊的专业领域，而忽视所有其他领域。这样，他即使现在在自己的专业方
670 面高于一般庸众，但在其他所有领域，在所有的重要事情上，他仍然属于一般庸众。因此，这样一个专业学者就像是一个工厂工人，终其一生扳拧着特定的螺丝，或操作着特定的工具或机器。这样，他自然能练就不可思议的精湛技能。在德国，人们给这样一种令人痛苦的事实披上一件了不起的思想的外衣，甚至把我们学者的这种狭隘的专业性及其对真正教化的日益偏离崇奉为一种道德现象：‘埋头于微末事物’‘固执的忠诚’，都成了最高的颂词；对专业

之外的无教化和无教养，被颂扬为高贵的谦逊和自足的标志。

“在过去若干世纪里，人们认为学者，只有学者才是有教养者；但从自己时代的经验出发，我们感到很难把两者简单地加以等同。因为今天，为了有利于科学发展而去榨取从事科学研究的人，已被毫无异议地广泛认可。还有谁在自问，如此吸血鬼似地消费其创造者的科学，还有什么价值呢？科学上的学术分工所追求的实际上与某些宗教所着意追求的是同样的目标，即缩减教育教化，甚至灭杀教育教化。但是，这种要求对一些宗教及其起源与历史而言，是完全合理正当的，不过，一旦转移到科学，就可能导致其自我毁灭。如今我们已经处于这样一个时代，在所有普遍性的严肃性的问题上，特别是在最高的哲学问题上，上面所说的那种学者已根本不再有发言权了。相反，一个如今横生于各科学之间的、起黏合作用的阶层即新闻界，相信自己可以在这里履行其使命。就如其名称所显示的那样①，新闻界现在根据其本性，像个谋取日薪的劳动 071
者那样，在行使着自己的使命。②

① 在古法语中，“新闻”(Journalistik)有“每日”的意思。——译注

② 与此相反，在我看来，……]更早的文稿是：现在，全世界都如此嫉妒教育教化。亲爱的朋友，您听说过吗，当我们过去动员那些青少年接受教育教化时，他们曾多么激动地指责我们。现在这是不言而喻的了。人们不再谈论：假如一个人斗胆想象一下，现在自诩为教育的一切可能并非就是教育，那么每个人似乎立刻会感到本人受到了伤害，仿佛这正是指他，并只是指他，而某种秘密似乎有被暴露的危险，但它在世界上必须仍然是一种秘密。我们将猜出这也许是一种什么样的敏感的秘密。我想我在继续探索它。现在没有人相信他的教育教化了，而且每一个人对此都有理由这样想。他同样知道他的邻人其实也这样：而他在这里又是对的。他们理解的教育教化的真正顶峰就是不能暴露自己及其他人。这会造成交往中的可笑的矫揉造作的麻烦和担忧，始终害怕这种教育的秘密会暴露出来。但他们有独特的安慰工具：各种报刊和新闻记者。——编注

“也就是说，教育界的两种倾向在新闻界汇于一处，即扩展教育和缩减教育在这里握手言和，归于一体。报纸精确地代替了教育教化。现在，不管是谁，即使是学者，若想表达自己的教育要求，也必须依靠这个黏合性的新闻界阶层。这个阶层黏合着所有生活方式、所有阶层、所有艺术以及所有科学之间的罅隙，而且还黏合得如此坚固，如此可靠，就像日报所做的那样。当代特有的教育目的也在新闻界中达到顶峰：服务于此刻、当下的奴仆，就像记者一样，代替了伟大的天才，一切时代的领袖，代替了把人们从对此刻的陷溺中解放出来的拯救者。现在，请告诉我，我卓越的导师，在与这样一种到处颠倒所有真正的教育目的的斗争中，我还应该怀有什么样的希望？当我知道我刚刚播下的真正的教育的种子立即被伪教育、伪教化的碾子无情地辗碎，我，一个孤立的教师，又应该怀有什么样的勇气？因此，一个教师欣慰地把一个学生带回到遥远得难以企及的古希腊世界，带回到真正的教育的故乡，但不到一个小时之后，这个学生就抓起一张报纸，一本时尚小说，或任何一本其风格已被烙上现今教育野蛮的令人恶心的印章的教育读物，此时，请想一想，我的导师，这个教师的最为辛劳的工作是如何的无用啊！”

“现在，请静一静！”这时那位哲学家用强有力且富有同情心的语调说道，“我现在更理解你了，我刚才不应该向你口出恶语。除了有点绝望外，你完全正确。现在我想向你说几句安慰的话。”

第二次演讲 672

尊敬的听众！[①] 从此刻开始，我倍感荣幸地欢迎你们中一些人首次做我的听众，你们对于我三周前的演讲也许只是道听途说，因而现在必须容忍我把你们毫无准备地引入到我三周前开始转述的那种严肃对话的中场。下面，我将首先回顾一下上次演讲的最后部分。那位白发哲学家的年轻同伴以诚恳且亲密的方式请求其卓越的导师原谅，解释他为什么气馁地放弃了他迄今为止的教师使命，并在一种自己选择的孤寂中毫无慰藉地度日。做出这个决定的原因完全不是出于他的高傲自大。

这位坦率耿直的年轻人说道："我从您这儿听到太多的教导，也有您太长时间的陪伴，从而不能深信不疑地向我们现今的教育事业和教育体制投降。对于您过去要求我注意的教育上那些无可救药的缺陷和弊端，我的感受太鲜明了，因此，如果我选择勇敢地与它们作斗争，那么，我清楚地知道我并无足够的力量去获取成

---

① 及以后］尊敬的听众。首先让我提醒你们一下上次演讲的最后一小时由于时间紧迫而不得不结束讲演的最后那句话。那个哲学家的年轻弟子以诚恳且亲密的方式（叙述了）他的苦闷和绝望——；或参见准备稿（另一版本）：首先请允许我提醒你们那次不同寻常的对话的最后转变。在不久以前的报告中，我由于时间紧迫而不得不结束我的讲演。——编注

功，去捣毁这种伪教育、伪教化的堡垒。于是，一种普遍的气馁侵
673 袭、征服了我，我选择退入孤寂之中，但这并不是出于高傲自负。”如此，为了解释自己行为的原因，他清晰地描述了现代教育的普遍特性，以至于这个哲学家禁不住用富有同情的声调打断了他的讲述，并准备向他说些安慰的话。[①]

“现在，请安静一下，我可怜的朋友，”哲学家说，“我现在更理解你了，我刚才不应该向你口出恶语。除了缺乏勇气之外，你完全正确。现在我想对你说几句安慰的话。你相信我们时代学校教育中如此重压你的教育野蛮还会持续多久？在这方面，我不想对你隐瞒我的看法：它的时代即将结束，它的末日已屈指可数。第一个敢于在这个领域表现出完全真诚之人，将会听到来自上千颗勇敢的灵魂对其的真诚反响。因为实际上，在我们时代的天赋更加高贵和情感更加热忱的人士中，有一个缄默的共识：他们每个人都知道他曾在这种学校教育状态中遭受了什么，每个人都想把自己的后代至少从相同的压榨中解放出来，尽管他们自己曾必须臣服于此。但尽管如此，没有人能做到完全的真诚。其可悲的原因在于我们时代的教育精神的贫乏；这里缺乏真正有创造性的天赋，缺乏有真正实践精神的人，也就是缺乏那些拥有良好创意之人，缺乏那些懂得真正的天赋以及真正的实践必须必然集于一身之人。因为那些平庸的实践者恰恰缺乏创意，因此，也必然缺乏真正的实践。每个对当代教育文献有所熟悉之人，如果不为其高度贫乏的精神和极度笨拙的圆圈舞而惊恐，那么他也就堕落到极点了。这里，我

① 以上为前一演讲的总结。——译注

们的哲学不是源于惊异,而是源于惊恐。[①] 谁不能在这方面感受到惊恐,那就请他不要伸手去触碰教育问题。但至今的情况正好 674
相反。那些感受到惊恐之人,比如你,我可怜的朋友,都畏惧地逃离了;那些平庸的无所畏惧之人却将其粗笨的大手伸展到艺术中最精微、最细巧的技艺,即教育的技艺之上。但这种状态不可能长久了。在不远的将来,真诚的人就会出现,他具有良好创意,为了实现这些创意,他敢于与所有的现存之物决裂;他会借助一个伟大的典范去完成至今为止单凭活跃的粗笨大手所无法模仿的东西。这样,人们至少会开始区分和比较,至少会感受到两者之间的对立,并反思这种对立的原因。相反,今天,还有许多善良之人相信,那些粗笨的大手所从事的工作属于教育技艺。"

"我亲爱的导师,"哲学家的年轻弟子说,"我恳求您举一个例子来帮助我理解和产生您如此勇敢提出的希望。我们两个都了解人文中学,您相信,如在人文中学方面,借助诚实和良好的创意就能消除所有陈旧的固陋的习惯吗?在我看来,抵抗进攻的枪炮不是坚固的铜墙铁壁,而是所有原则的最为致命的弹性和圆滑。进攻者并无一个可见的、固定的对手可供歼灭,相反,这个对手善于伪装,可以变成千百个形状,并借助其中一个形象来逃脱进攻的捉拿,借助怯懦的屈服和韧滑的撤退来迷惑进攻者。正是人文中学迫使我怯懦地逃入到孤寂之中,正是因为我感到,如果人们在这里取得胜利,那么所有其他的教育机构就一定会屈服;如果谁在这里

① 亚里士多德认为,哲学始于惊异("惊异"的德语"Erstauen",相当于英文"wonder";尼采所谓的"惊恐"的德语"Erschrecken"则相当于英文"shock""terror"和"dread")。——译注

675 不得不丧失信心和勇气，那么他就只好在一切最严肃的教育问题上气馁。因此，我的导师，请就人文中学向我赐教，对于它的灭亡和新生，我可以希望些什么呢？”

哲学家说：“我和你一样，认为人文中学至关重要。其他所有教育机构都必须以人文中学所追求的目的来加以衡量，但也共同遭受**其**方向偏离之苦，并将会通过其净化和更新而得到新生。即使今天的大学也不再奢望主张和拥有人文中学作为教育影响的中心的这一重要地位。至少从**一个**重要的方面来看，它们不过是人文中学系统的一个附属。这一点我稍后再向你进一步说明。[①] 现在，我们一起来看看在我心中产生的富有希望的相反倾向是什么：人文中学迄今为止滋生出来的那种混杂的、难以辨识的精神，**要么**必须完全烟消云散，**要么**必须从根本上得到净化和更新。我不想用一般原则来使你惊恐。既然我们对人文中学都富有经验，也都深受其苦，那么，我们就首先来探讨其中的一个方面的经验：用严格的眼光来考察现在人文中学的**德语教学**是怎样的？

“我首先告诉你德语教学应该是什么样子。从根本上来看，人们今天所说和所写的如此恶劣和庸俗的德语，只有在报刊德语时代才是可能的。这就是为什么必须用强制的手段把有高贵天赋的年轻人置于良好的品位和严格的语言训练的玻璃罩之下。如果这不可能做到，那我现在开始宁可说拉丁语。因为我耻于去说一种被如此败坏、如此亵渎的德语。

① 对这个承诺的回应，参见第五个演讲。——译注

“我不知道一个更高的教育机构[1]的使命还有可能是什么，如 676
果它不恰恰是用令人尊敬的权威和严格把这些在语言上已变得粗野的青少年引上正确的道路，并向他们呼吁：‘严肃认真地对待你们的语言！若你们不把此感受为一桩神圣的义务，那你们身上也就不存在一种更高的教育教化的萌芽。你们对待自己母语的方式可以表明你们对艺术是高度尊重还是极度蔑视，可以表明你们对艺术的亲疏程度。如果你们不能对我们报刊惯用的某些词汇和措辞感到生理上的恶心，那么你们只有放弃追求教育教化。因为就在这里，就在最为切近之处，在你们每一个说和写的时刻，都有一个试金石在检测有教养者现在的任务是多么艰巨、多么庞大，在检测你们中的许多人要达到真正的教化又是多么不可能。’

“按照我们刚才的理解，人文中学的德语教师有义务要求其学生注意无数的细节，养成绝对确定的良好品味，禁止使用如‘加重负荷’‘放进口袋’‘盘算某事’‘掌握主动’‘不言而喻’等令人无限乏味无聊的词语。[2] 教师还必须一行一行地向学生展示我们经典作家的作品，向他们展示如果一个作者内心拥有正确的艺术感，对其眼前所写的东西具有完美的理解，那么他会如何谨慎严格地对待其每一个表达和措辞。教师必须不断地要求其学生对同样的思想不断地寻求更好的表达。而且，在其天赋较差的学生还没有发展出对语言的神圣敬畏，天赋较好的学生还没有发展出对语言的

① 这里指人文中学。——译注

② “beanspruchen”（加重负荷）、“vereinnahmen”（放进口袋）、“einer Sache Rechnung tragen”（盘算某事）、“die Initiative ergreifen”（掌握主动）、“selbstverständlich”（不言而喻）等德语语法上的错误，难以汉译出来。——译注

高贵热情之前，教师的严格工作不能有丝毫停滞。

677 “这就是所谓的形式教育的一个任务，而且是最有价值的任务之一。但是，在人文中学，也就是所谓的形式教育的场所，我们现在会发现什么呢？谁若懂得把他这里所发现的进行正确归类，那他就知道该把今天作为所谓的教育机构的人文中学视为什么。例如，他会发现，按照其最初的设计，人文中学就不是为了教化和文化，而仅是为了学术和博学，而且，最近又发生了一次转折，其努力的目标似乎也不再是为了学术和博学，而是为了新闻学了。这从德语教学的方式这一个真正可信的例子中可以清晰地看到。

“教师本来应该提供真正实践性的教学，使学生习惯于严格的语言上的自我约束，但我们却到处发现用学术的和历史的方法来教母语的趋势。这就是说，人们对待母语就像是在对待一门死语言，似乎对这门语言的现在和未来可以不负责任。在我们这个时代，历史的方法已成为如此流行的方法，以至于语言的活的躯体也成为了其解剖研究的牺牲品。但是，人们必须懂得把活的东西当作活的东西来对待，这恰恰是教育教化的开始；而教师使命则恰恰开始于首先在必须行为正确而非仅仅是认识正确的事情上，抑制住正在普遍蔓延的‘历史兴趣’。我们的母语正是属于让学生必须学习行为正确的领域。仅仅是为了这一实践目的，我们教育机构的德语教学才是必要的、根本的。但是，历史的方法对教师来说要更加容易、更加安逸，同时，这也与他们较低的天赋，一般而言，也与其总体意志和所追求的较低水平相适应。但是，我们这一观察
678 适用于教育现实的所有领域：这种更为简单、更为舒适的方法总是伪装在伟大的托词和堂皇的招牌之下。而真正实践的，实际上也

是更为困难的属于教育教化的行动，却受到嫉恨和蔑视。这就是为什么真诚的人必须使自己和他人清楚这种黑白颠倒。

“除了为语言学习提供学术性的刺激和激励之外，我们的德语教师经常还提供什么呢？他是如何将其教育机构的精神与德意志民族所拥有的**少数**真正有教养之人的精神，也就是其经典诗人和艺术家的精神联系起来的呢？这是一个黑暗的令人忧虑的领域；若将其置于光亮之下，人们无不充满惊恐。但即使这样，我们不想有所隐瞒，因为这一切终将必须得到更新。在人文中学，年轻人尚未成形的精神被打上了令人厌恶的新闻界的审美情趣的烙印。教师自己在这里播下了粗野地恶意曲解我们的经典作家的种子。这种恶意曲解随后又冒充为审美批判，而实际不过是厚颜无耻的傲慢的野蛮。学生在这里学会了用幼稚的优越感谈论我们独一无二的**席勒**，嘲笑他最高贵的最富德意志特色的作品，讥笑他作品中的博萨侯爵[1]、马克斯和特克拉[2]。对于这种讥笑，德意志大才会感到愤怒，德意志优秀的子孙会感到脸红。

“德语教师习惯活动的最后一个领域，也常常被视为其活动的顶峰，在一些地方甚至被视为人文中学教育的顶峰，就是所谓的**德语作文**。由于几乎总是最有天赋的学生怀着浓厚的兴趣徜徉在这个领域，因此，我们要认识到，恰恰在教师对这些学生所提出的任务里，会潜藏着多么危险的诱惑性！这种德语作文是对个性的召唤。学生越是强烈地认识到其与众不同的特性，就越是富有个性 679

① 博萨(Marquis Posa)：席勒《唐·卡洛斯》中的人物。——译注

② 马克斯(Max)和特克拉(Thekla)：席勒《华伦斯坦》三部曲中的人物。——译注

地构思其德语作文。大多数人文中学还通过选择主题来促进这种'个性的形成'。教师向更低年级学生提出了本身就违反教育规律的主题,促使他们描述自己的生活、自己的发展。在我看来,这是教师工作的非教育性的最强有力的证明。我们只要看一看多数人文中学的那些作文主题,就会发现,绝大多数的学生也许不得不终身遭受这种过早要求创造个体性的作品所带来的痛苦,遭受这种不成熟的思想创作之苦,尽管他们自己对此是无辜的。我们还会极为经常地发现,一个人后来的所有文学作品就是这种反精神和理智发展的教育原罪的可悲结果![①]

"我们只须想一想,在这样一个年龄创造这样一个作品会发生什么。这是他自己的第一个作品,其有待发展的力量第一次喷发而成就的结晶。其独立自主的要求所产生的跌跌撞撞的感觉,给这些早期创作蒙上一种新奇的、永不再来的醉人魅力。其天性中所有的莽撞从其内心深处被召唤了出来;其不再有为更强有力的限制所约束的所有虚荣,被允许第一次以文学的形式来加以显现。从现在开始,这个年轻人感觉自己已经成熟,感觉自己有能力去论述和参与讨论,并在实践中被要求这样去做。他选择的那些主题责成他或是对特定诗作发表判断,或是以性格描述的形式去评论历史人物,或是独立探讨严肃的伦理问题,甚至是把探寻的目光转向自身,去考察他自己的发展,并做出一个自我批判的报告。简言
680 之,整个最富反思性的任务世界,展现在这个直到现在还几乎懵懂

① 一个人……可悲结果] 其男人特性只是作为这个最初的青年轮廓的完成图像而已。——编注

无知、不知所措的年轻人面前，并交由他去做判断。

“现在让我们想象一下教师对这些如此深刻影响学生个体的最初作品的一般态度。教师会认为这些作品的哪些方面应该加以批评谴责？他又应该要求其学生注意什么？注意思想或形式的一切过度之处，也就是说，注意所有在他们这个年龄一般特有的和个体性的东西。由于过早的激发和促进，学生真正的独立自主只能表现出笨拙、尖锐和可笑的特性，但恰恰是这种个性受到了教师的谴责和拒斥，以有利于一种非原创的平庸的作品。这样，千篇一律的平庸之作却获得了教师们漫不经心的赞扬。因为这类作品通常会让他们自己感到非常无聊。

“也许有人从德语作文这一整出喜剧中看到了今天人文中学不但最为荒谬而且还极其危险的要素。这里要求原创性，但那个年龄阶段唯一可能的原创形式又受到了拒斥；这里把形式教育视为前提，但形式教育却又只有极为少数的人在成熟的年龄时才能获得；这里把每个学生都毫无例外地视为一种具有文学天赋的存在，**允许**他们对最为重要的人和事做自己的判断，但真正的教育教化所应该孜孜以求的恰恰是**压制**对独立判断的荒唐要求，使年轻人习惯于严格顺从天才的王权；这里德语作文要求学生在更大框架下来表达自己的思想，但学生在这个年龄每一个说出或写出的句子都是一种野蛮。除了这些危险之外，现在让我们考虑一下年轻人在那个年龄极易产生的自满，考虑一下年轻人现在第一次看 681
到镜中的自我的文学形象时的虚荣感。谁若**一眼**就看清所有这些效果，他就会担心，我们文学和艺术界的全部弊端会被我们所考察的教育体制不断地重新印刻在成长中的新一代身上。这些弊端有：匆忙而虚荣的创作，无耻的图书炮制，完全的无风格，表达的粗糙、无特性或可悲的矫揉造作，审美标准的丧失，对混乱无序的沉溺。简言之，这些就是我们新闻界和学术界的文学特性。

“极为少数的人现在还会认识到，在成千上万人之中也许只有一人能以文学闻名，而所有其他甘冒风险一试的人，都会受到真正有判断力之人的荷马式的嘲笑，以作为对其所印刷出来的每一句话的奖赏。因为看到一个文学的赫菲斯特[1]跛行，甚至走过来向我们敬献什么作品，对众神来说确为一场好戏。在这一领域，培养学生拥有严肃认真和顽强不屈的习惯和见解，这是形式教育的最高任务之一。而对所谓的‘自由人格’的普遍纵容，则无非是野蛮的标志。从我上面所说可以清晰地看出，至少德语教学所考虑的不是教育教化，而是其他的方面，也就是制造前面所说的‘自由人格’。只要德国人文中学在其德语作文中还习惯于培养令人作呕的肆无忌惮的乱涂乱写，只要它们还没有把最为切近的说和写的实践训练作为其神圣的使命，只要它们还是像对待一个必要的恶或一个无生命的躯体那样来对待母语，我就不会把这些机构视为真正的教育机构。

682 “在语言方面，我们很少看到古典典范的任何影响。这就是为什么我从这一考虑出发，对源于人文中学的所谓的‘古典教育’感到十分困惑和怀疑。因为只要看一眼古典典范，人们怎么能看不到古希腊人和古罗马人从其少年开始就极其认真地重视和对待他

---

① 赫菲斯特：希神，锻冶之神和工匠的保护神，又驼又瘸，是众神中最丑陋的。——译注

们的语言；另外，如果古典的希腊世界和罗马世界作为最富教益的模式，确实曾盘旋在我们人文中学的教育计划制定者的脑中，那么，人们怎么能在语言教育这一点上未能认识到它们的典范之处。至少，我对此深感怀疑。人文中学实施‘古典教育’的宣称，看来更不过是一个难以应付的借口。一旦有对其促进教育教化能力的任何质疑，这个借口就会被拿来使用。古典教育！听起来如此高贵堂皇！它会令进攻者感到羞愧，使其推迟对它的进攻，因为谁能立即看清这个迷惑人的口号之下的真相！这是人文中学长期以来的惯用策略。哪里响起挑战的号角，它就朝哪里举起一个没有装饰着勋章和荣誉的盾牌，上面写着迷惑人的口号，如‘古典教育’‘形式教育’或‘科学预备教育’。可惜这三个堂皇的口号，不仅相互之间，而且各自自身内部也都存在着矛盾。如果把它们强行拼凑在一起，那么就只能产生一种教育怪物。因为达到真正的‘形式教育’是如此闻所未闻地艰难和稀少，它要求一种如此复杂的天赋，以至于只有太天真的人或太无耻的人，才会许诺它是人文中学可以达到的目标。‘形式教育’就是一个粗糙的经不起哲学推敲的术
语，人们必须尽可能放弃使用它。因为不存在真正的‘实质教 683
育’①。另一方面，谁若是把‘科学预备教育’视为人文中学的目标，那么，他就会因此牺牲掉‘古典教育’和所谓的‘形式教育’，一般来说，也牺牲掉了文科中学的整体教育目标，因为科学者和有教养者的素养属于两个不同的领域，尽管有时会在同一个体身上积

① 质料教育或实质教育(materielle Bildung)：这里似乎是暗指亚里士多德的四因说，其中有形式因和质料因。——译注

聚,但绝不会彼此和谐。

“如果把人文中学这三个所谓的目标与我们在德语教学观察到的实际情况加以比较,我们立即就会认识到这些目标在实践中大多会起什么作用:这些目标不过是为在斗争中和逃离困境而设,并实际经常足以迷惑对手。因为我们在德国人文中学的德语教学中看不到古典典范及其伟大的语言教育的痕迹。试图通过这种德语教学方法来达到的‘形式教育’,不过被证明是对‘自由人格’的绝对偏爱,亦即,不过是对野蛮和混乱的绝对偏爱。至于作为德语教学一个结果的科学预备教育,我们的日耳曼学者不得不公正地指出,对其学科的繁荣,人文中学的学术准备训练的贡献是如此微小,而大学教师个体人格的贡献是如此巨大。总之,人文中学忽视了其在开启真正教化方面最为重要、最为急迫的目标,即母语训练,并因此缺乏所有进一步教育教化的努力所需要的自然的、肥沃的土壤。因为只有借助一种严格的、艺术上细致的语言训练和语言习惯,才能强化对我们经典作家伟大之处的正确感觉。但直到现在,对这些经典作家的认可,几乎只依赖于个别教师的可疑的美学嗜好或特定的悲剧或小说的纯粹题材的效果。但是,人们从自
684 己的经验应该知道语言的掌握是多么艰难,人们必须经过长期的寻求和拼搏之后才能走上我们伟大诗人曾经走过的道路,以感知他们曾经的感觉:他们走在那条道路是多么地轻松和美妙,其他人跟在他们后面是多么地笨拙和造作。

“唯有通过这样的训练,年轻人才会对我们报纸工厂生产者和流行小说家的如此受到喜爱和如此受到追捧的‘华丽’风格,对我们文学匠人的‘考究的措辞’,感到那种生理上的恶心,从而一劳永

逸地摆脱与超越所有那类真正滑稽可笑的问题和疑惑。如，对奥尔巴赫[1]与古茨科夫[2][3]是否是真正的诗人之类的问题，只需凭借对其作品产生的强烈的生理上的恶心，就可以解决了。但不要让人相信培养这种感情并感到生理上恶心这一点是件容易的事，也不要让人相信除了通过语言的荆棘之途，也就是除了通过母语上的自我训练而非语言学研究，还有其他通向审美判断的道路。

“任何认真严肃对待此事之人，将会拥有类似成人在其作为新兵服役时不得不重新学步的经验，因为他之前的走路只算是一种粗糙的业余爱好和经验主义。那将是一段艰难岁月。他会担心肌腱可能被拉断，会对自己能否轻松而舒适地运用这些有意识习得的艺术性的步法和站姿而感到绝望。他会惊恐地看到他如何笨拙而生疏地迈步，担心自己不仅学不会这种正确的行走方式，而且还会忘记如何走路。但是，终有一天他会突然发现，这些艺术性的运动已重新变成了一种新的习惯和第二天性，过去走路时的自信和

---

① 奥尔巴赫（Berthold Auerbach，1812—1882 年），作家，其真名为巴鲁赫（Moyes Baruch），“兄弟会”成员，与青年德意志运动有联系。其著名的小说有《黑森林村庄的故事》。——译注

② 古茨科夫（Karl Ferdinand Gutzkow）：作家，年轻时为“兄弟会”的激进成员，后来成为“青年德意志运动”的主导性的发声者。其文学生涯游走于创作戏剧小说和出版期刊之际。——译注

③ 奥尔巴赫或古茨科夫]盖勃尔（Geibel）或奥尔巴赫或斯皮尔哈根［Spielhagen］古茨科夫。——编注

盖勃尔（Emanuel von Geibel，1815—1884 年），德国诗人和剧作家；斯皮尔哈根（Friedrich Spielhagen，1829—1911 年），德国小说家，文学理论家和翻译家，曾是一名学校教师，后转为记者和作家。他在较短的时间内创作了大量的小说和剧作，著名的小说有《暴风骤雨》（*Sturmflut*）。——译注

力量带着更多的优美，重新回到他的身上。现在他开始意识到走路是多么不易之事，也有资格揶揄那些步法粗糙的经验主义者和
685 故作摩登的业余爱好者。我们所谓的‘摩登’作家就像其风格所显示的那样，从未学习过上面那种意义上的走路。我们人文中学的学生，就像那些摩登作家一样，也从未学习过这种走路。但是，教育教化开始于语言的正确运动，而且它一旦正确地起航，那么学生随后就会对那些时髦作家产生一种生理上的感觉，也就是‘恶心’。

“我们这里认识到了今日人文中学的灾难性的后果。它们没有能力传递真正的严格的教育教化，而这首先需要服从和习惯；它们在最好的情况下，只能把引发和激发学术倾向作为一个目标，并如此经常地导致了学术与野蛮的品位、科学与新闻的联盟。今天，人们几乎可以普遍地看到，我们的学者已从德意志经典作家如歌德、席勒、莱辛①和温克尔曼②所一度努力达到的教化高度下降和滚落。这种下降正是体现在对这些经典作家粗暴的误解上。这种误解不仅暴露在文学史家那里，不管他叫格维努斯③还是施密

① 莱辛(Gotthold Ephraim Lessing，1729—1781 年)，戏剧家和评论家，对德国戏剧和古典美学有重要影响。其作品《拉奥孔》是一部关于诗学和雕塑艺术的研究之作。——译注

② 温克尔曼(Johann Joachim Winckelmann，1717—1768 年)，作家，有许多论述古代艺术和建筑的作品，是欧洲古典主义发展的重要人物。——译注

③ 格维努斯(Georg Gottfried Gervinus，1805—1871 年)，德国政治家，文学史家，作家，著有五卷本的《德意志诗歌史》，其中他率先从普遍的历史发展的视角来展示诗歌，因此，尼采认为这种人应该对德国从歌德和席勒的古代教化高度跌落下来负有责任。——译注

特[1][2]，而且也暴露于一切社交场合，甚至男人与女人的每次交谈中。但是，这种下降最为经常地同时也最为痛苦地恰恰体现在与人文中学相关的教育文献之中。可以证明，这些经典作家对真正的教育机构的无与伦比的价值，即他们作为古典教育的引路人和秘示者的价值，在过去半个世纪或更长时间以来不仅没有被提及，遑论受到普遍认可。只有在他们的引导之下，人们才能找到通往古代世界的正确之路。每一种所谓的古典教育，都只有**一个**健康的自然的出发点，即，在使用母语时形成艺术性的严肃且严格的习惯。但是，要达到这一点，要通晓形式的秘密，很少有人从内在出 686
发、靠自己的力量，几乎所有人都需要那些伟大的领袖和导师，都需要把自己置于他们的监护之下，并信任他们的监护。但是，没有对形式的引导和开发了的感觉，古典教育是不可能成长的。只有在对形式和野蛮的不同感觉及辨别能力逐渐被唤醒的地方，带领我们飞往真正的、唯一的教育之乡，也就是古希腊的翅膀才开始振动。[3] 但是，如果单靠这一对翅膀就试图走进那无比遥远、有着金刚石城墙围绕的希腊世界，我们当然难以飞得那么远；因此，这时我们同样需要这些领袖和导师，即我们德意志的经典作家，以在他们过去寻求古典的振翅之举的激发和带动下，振翅飞往渴望之乡[4]——古希腊。

---

① 施密特(Julian Schmidt，1818—1886 年)，文学史家，编辑，与弗莱尔塔克编辑杂志。——译注

② 不管……施密特]参见付印稿。——编注

③ 这里的翅膀之喻似乎是指柏拉图的《斐德罗篇》。——译注

④ 渴望之乡]参见歌德戏剧《陶里斯的伊菲格尼亚》，第 1 部，第 1 行。——编注

“但是，关于我们经典作家和古典教育之间的这种唯一可能的关系，从未有一丝声音渗透到人文中学的古老围墙之内。语文学家倒是勤勉地致力于以自己的方式把荷马和索福克勒斯带至年轻学生的心灵，并将其结果赋予一个未经批判的美名‘古典教育’。让每个学生以自己的经验去检验，在这些如此勤勉的教师手中，他从荷马和索福克勒斯那里获得了什么。这里充斥着最频繁和最强烈的欺骗以及无意传播的误解。我也[①]从未在德国人文中学里发现一丝一毫可以真正称得上是‘古典教育’的痕迹。但当人们考虑到人文中学如何脱离了德意志经典作家以及德意志语言的训练，那么他们就不会对此感到惊奇。用这种一步登天的方式，没
687 有人能进入古代世界。但是，我们学校对待古代作家的方式，我们语文教师所做的大量评注和阐释，恰恰就是这种一步登天的方法。

“实际上，对于古典的希腊世界的感觉，是最为艰苦的教化奋斗和艺术天赋的极为罕见的结晶，而人文中学却只通过粗鲁的误解来要求加以唤醒。它试图在什么样的年龄去唤醒这种感觉？在一种仍盲目地受时代最为五彩缤纷的倾向所诱惑的年龄阶段；在一种还没有认识到对于古希腊世界的感觉一旦被唤醒就会立即变得具有进攻性、就必须在与所谓现代文化的持续斗争中表达自己的年龄阶段。对于今天的人文中学的学生来说，古希腊人作为希腊人已经死去了。是的，他也能从荷马那里获得些快乐，但斯皮尔哈根的一个小说则会更加强烈地迷住他；他也会带着几分乐趣吞下

① 也]既未从教师那里，也未从学生那里，也。——编注

希腊的悲剧和喜剧，但一个完全现代的戏剧如弗莱尔塔克[1]的《记者》[2]会给予他完全不同的触动。是的，他也能模仿美学家谈论所有的古代作家，如模仿艺术家美学家格林[3]，后者曾经在一篇关于米洛的维纳斯的隐晦的文章最后自问道：[4]'这个女神的形式对我来说意味着什么？她在我身上唤起的思想对我有什么用？俄瑞斯特、俄狄浦斯、伊菲戈尼亚和安提戈涅[5]与我的心灵有什么共同之处？'——不，人文中学的学生们，米洛的维纳斯与你们没有关系，但与你们的教师也同样关系较少——这是今日人文中学的不幸和秘密。如果你们的引导者本来眼盲却冒充目明，那么谁来引导你们到达教育之乡！如果他们用其方法纵容你们自主地结结巴巴说话，而不是教导你们去说话，纵容你们去做自主的审美判断而不是引导你们去敬畏和虔诚地对待艺术作品，纵容你们去做自主的哲学思考而不是强迫你们去**倾听**伟大的思想家，那么，你们中谁又能 688
对艺术的神圣的严肃产生真正的感觉呢？所有这些方法的结果就是使你永远无法接近古代世界，而只能成为现在时代的奴隶。

---

① 弗莱尔塔克］弗莱尔塔克或盖勃尔(Brunhilde von Geibel)。——编注

② 《记者》是弗莱尔塔克(Gustav Freytag，1816—1895年)在1854年出版的喜剧。该剧是关于一个政治上活跃的教授和上校的一个为报社工作的女儿之间的爱情故事，从1852年首次演出后的30年，一直深受欢迎，长演不衰。弗莱尔塔克是著名作家、记者和官员，他的喜剧《记者》和小说《应该和拥有》(小说赞扬商人阶层是德国的坚固基础)，获得了巨大成功。——译注

③ 格林(Hermann Grimm，1828—1901年)：童话作家威廉·格林(Wilhelm Grimm)的儿子，早年是作家，创作剧作和小说，后来成为现代艺术的教授，著名的散文家。——译注

④ 散文的题目是《论米洛的维纳斯》。——译注

⑤ 俄瑞斯特(Orest)、俄狄浦斯(Ödipus)、伊菲戈尼亚(Iphigenie)和安提戈涅(Antigone)，均为希腊悲剧中的人物。——译注

“我们在今日人文中学中所发现的最有益的一点，肯定就是其若干年以来对待拉丁语和希腊语的严肃态度。这里，人们学会了尊重一个有确定规则的语言，尊重语法和辞典；这里，人们确切地知道什么是错误，因而不会总是费劲儿地求助于各种语法上和正字法上的奇思怪想和恶劣习惯，来为自己的错误辩护（如在现代德语中所看到的那样）。但愿这种对语言的尊重不是停留在空中，从而不像是人们一转向母语就会加以抛弃的一个理论负担！拉丁语教师或希腊语教师自己都经常不尊重自己的母语，懒散随意地对待母语。一涉及母语，他们就立即放下了从拉丁语和希腊语中获得的严格训练，就像德意志人对待所有本土东西的态度一样。把一种语言翻译成另一种语言是一种孕育和提高对自己语言的艺术感的最有益的壮举，但在把古典语言翻译成德语方面，人们从未以应有的绝对的严格和尊严来加以实施。而对待德语这样一种不太规范的语言来说，这种严格训练却尤为必要。最近，这种有益的壮举越发少了：人们满足于了解这些古代的外语，而不屑于去加以应用和精通。

“这里，我们可以再次看到对人文中学理解中的学术倾向。这种现象有助于说明更早时代的人文中学曾经严肃地把人文教化[1]作为其目标。那个时代属于我们的伟大诗人，也就是少数真正有
689 教养的德意志人的时代。在那个时代，伟大的沃尔夫[2]把这种从

① “Humanitätsbildung”，字面的意思是人文教化或人文教育，意思是为了人的自我教化的教育，其文艺复兴以来的意思还表现在借助古希腊罗马来达到人的自我教化。——译注

② 沃尔夫（Friedrich August Wolf，1759—1824 年），古典语文学家，开启了综合意义上的现代古典研究，把语文学宽泛地界定为体现在古代世界的关于人性的知识。其作品有《古代学阐述》。——译注

古希腊和古罗马经由这些人流淌出来的新的古典精神引入到人文中学。由于他的大胆创举，人文中学树立起了一个新的形象，即，人文中学自此以后就不仅仅是学术和科学的培养场所，而首先应该是所有更高级、更高贵的教育教化的真正的神圣之地。

“在诸多似乎是外在的必要的变革措施中，一些极为根本的措施富有持久效果地进入到了人文中学的现代建构之中。但是，恰恰最重要的措施并未取得成功，即教师自己没有接受这种新的精神的洗礼。这样，人文中学重新又严重偏离沃尔夫所追求的人文教化这一目标。相反，旧有的、已被沃尔夫所克服的对学术和学者教育的绝对推崇，在微弱的斗争之后就逐渐取代了新近揳入的教育原则，并要求其之前的排他权利，尽管它不再以过去面目那样公开示人，而是乔装改扮，隐藏其真实意图。而且，古典教育的伟大计划之所以未能获得成功，是因为这些教育努力的非德意志的、几乎是外国的或世界主义的特性，即相信撤走一个人脚下的故土，他仍能稳固地站立；妄想一个人可以放弃中介桥梁，弃绝德意志精神，弃绝一般意义上的民族精神，直接跃入遥远的希腊世界。

“当然，人们必须首先懂得如何在其隐藏的地方，在时髦的装束下面，或在瓦砾废墟下面去寻求这种德意志精神；人们必须热爱这种精神，即使它羸弱枯槁也不会感到羞耻；人们必须首先警惕不要把德意志精神混同于当今自诩为‘当代德国文化’的东西。相 690
反，德意志精神内在地与那种文化为敌。而且，恰恰在被这种当代文化抱怨为缺乏文化的地方，却常常保存着真正的德意志精神，即使其外在形式并不优美，甚至质朴粗野。相反，今天狂妄地自称为‘德意志文化’的东西，是一个世界主义的大杂烩，它与真正的德意志精神的联系，就像记者之于席勒，梅耶贝尔[①]之于贝多芬。那个在最为根本上非日耳曼的法兰西文明在这里行使着最强大的影响，它被毫无才情、毫无品味地模仿，从而也给德意志社会、报刊和风格蒙上了一种伪善的形式。当然，这种模仿无论在哪个地方都不会带来一种在艺术上的自足的效果。但在法兰西，这一源自罗马世界的本质的原创文明几乎直到今天仍能够产生这种效果。为了感知这种对立，可以把德国最为著名的小说家与法国或意大利不太著名的作家加以比较，我们会发现尽管两者在倾向和目标上同样不确定，在手段上同样更加不确定，但是，在他们那里，与之相联的是艺术上的严肃性，至少是语言上的准确性，与之相联的经常还有美，尤其是一种相应的社会文化的反响；而在我们这里，所有一切都是非原创的，其思想和表达像是穿着睡袍，臃肿拖沓，矫揉造作，令人不快，因此，缺乏任何一种真实的社会形式的背景。在最大程度上，其学者的造作和博学的炫耀在提醒我们，在德国，是堕落的学者变成了记者，而在法国和意大利则是有艺术教养者变成了记者。用这种所谓德意志的、在根本上则是非原创的[②]文化，德国人无望在任何方面取得胜利：在这方面，法国人和意大利人做得比德国人好。至于对外在文化的灵活模仿，俄罗斯人尤其会令德国人感到惭愧。

691 “我们应该更加坚定地抓住**那种**德意志精神：它已在德国宗教

① 梅耶贝尔（Giacomo Meyerbeer，1791—1864 年），最初名叫 Jacob Liebmann Meyer Beer，能用德语、意大利语和法语写歌剧。他在当时的巴黎享有盛誉，特别是他的浪漫歌剧。——译注

② 非原创性的］世界主义的非原创性的。——编注

改革、德国音乐中现身，而在德国哲学的巨大勇气和严格中以及在新近经过考验的德国士兵的忠诚中则表现为一种持久的、不慕虚荣的力量。我们甚至可以期望这种精神去战胜当代流行的时髦的伪文化。我们对学校未来的希望是把真正的教化学校引入这种斗争之中，特别是在人文中学点燃成长中的新一代对真正的德意志特性的热情。所谓的古典教育最终也将通过这种方式重新获得其天然的土壤和唯一的起点。人文中学的真正的革新和净化只能产生于德意志精神的深刻且有力的革新和净化。要找到真正连接德意志精神最内在的本质与希腊天才之间的纽带，是个十分神秘和困难的任务。然而，倘若真正的德意志精神的最高贵的需要没有抓住希腊天才之手，就像在野蛮的洪流中抓住一个砥柱；倘若从这种德意志精神中没有产生一种对希腊世界的无限渴望；倘若对历经千辛万苦获得的、令席勒和歌德流连忘返的、对希腊故乡的远眺，没有变成最优秀的、最有天赋之人的朝圣之旅，那么，人文中学的古典教育的理想必将毫无固着点地在空中飘荡。在这方面，我们至少不应该谴责这种人：为了保持那种真正的、牢固的、在其眼中毕竟还算得上是理想的目标，为了使其学生免受那些现在自诩为'文化'和'教化'的令人目眩的幻象的诱惑，[①]他们试图在人文中学培养一种仍然如此有限的科学和学术。这就是今日人文中学的可悲现状。其所采取的这种最有限的立场在一定程度上是合理 692
的，因为没有人能够到达或至少是确定一个地方，从而可以检验所

① 为了使其学生……的诱惑]不让自己被沃尔夫所追求的古典希腊教育就像被一种或明或暗的幽灵一样引入歧途。——编注

有这些立场都是错误的。”

“没有人?”那个学生带着激动的声调问哲学家。两人接着都陷入了沉默。

第三次演讲 693

尊敬的听众！我曾聆听过那场对话，这里试图凭借我鲜活的记忆向诸位转述其概要。在我结束上次转述之时，那场对话被一种严肃的长久的停顿所中断。哲学家和他的同伴陷入到抑郁沮丧的沉默之中。刚刚谈到的德国最重要的教育机构，也就是人文中学的稀有困境，像一个重负压在他们的心头之上。消除这一重负，单个具有此善意之人没有足够的力量，而众人力量虽大，但在这方面没有足够的善意。

尤令我们孤独的哲学家感到困扰的是这两个方面的事实：一方面可以清楚地看到，真正可以被称作是“古典教育”的东西，现在只不过是飘浮在空中的教育理想，根本不可能落实于和生长于我们教育机构的土壤。另一方面，现在被普遍委婉地称作“古典教育”的东西，只有一种自命不凡的幻象的价值，其最好的作用在于使“古典教育”的说法得到存续，并不失其庄重之感。这两位令人敬佩之人从德语教学上清晰地看到，一种建立在古代世界的柱石
之上的更高的教育教化至今仍未找到其恰当的出发点：语言教学 694
的野蛮化；强迫学生走向学术性的历史研究之道，而不是给予他们实际的训练和习惯；人文中学所要求的特定练习与我们新闻界的令人忧虑的精神倾向的联系。所有这些在德语教学中可以观察到

的现象，都指向了这样一种可悲的结论：从古典世界产生的最有益的力量还没有被我们的人文中学所感知，也就是，这种力量可以被用来准备与当代的野蛮做斗争，而且也许还可以再次把人文中学变成这种斗争的武器库和兵工厂。

相反，我们看到，这种古典精神似乎已经被相当彻底地赶出了人文中学，而人文中学却仿佛像要尽可能宽阔地向我们当代被阿谀和娇纵的所谓的“德国文化”敞开大门。倘若我们这两个孤独的谈话者还可以抱有什么希望的话，那么这种希望就是，现在的情况已经变得越来越糟糕，从而使得至今只被少数人所洞见的东西，很快就会被多数人所清晰深入地领悟，这样一来，真诚而坚定之人严肃认真地考虑国民教育这一严肃领域的时代也不再遥远了。

“我们应该更加坚定地抓住**那种**德意志精神，”哲学家说，“它已在德国宗教改革、德国音乐中现身，而在德国哲学的巨大勇气和严格中以及在新近经过考验的德国士兵的忠诚中则表现为一种持久的、不慕虚荣的力量。我们甚至可以期望这种精神去战胜当代流行的时髦的伪文化。我们对学校未来的希望是把真正的教化学
695 校引入这种斗争之中，特别是在人文中学点燃成长中的新一代对真正的德意志特性的热情。所谓的古典教育最终也将通过这种方式重新获得其天然的土壤和唯一的起点。人文中学的真正的革新和净化只能产生于德意志精神的深刻且有力的革新和净化。要找到真正连接德意志精神最内在的本质与希腊天才之间的纽带，是个十分神秘和困难的任务。然而，倘若真正的德意志精神的最高贵的需要，没有抓住希腊天才之手，就像在野蛮的洪流中没有抓住一个砥柱；倘若从这种德意志精神中没有产生一种对希腊世界的

无限渴望;倘若对历经千辛万苦获得的、令席勒和歌德流连忘返的、对希腊故乡的远眺,没有变成最优秀的、最有天赋之人的朝圣之旅,那么,人文中学的古典教育的理想必将毫无固着点地在空中飘荡。在这方面,我们至少不应该谴责这种人:为了保持那种真正的、牢固的、在其眼中毕竟还算得上是理想的目标,为了使其学生免受那些现在自诩为'文化'和'教化'的令人目眩的幻象的诱惑,他们试图在人文中学培养一种仍然如此有限的科学和学术。"①

在一段时间静默的沉思之后,年轻同伴转向哲学家,并向他说道:"您过去曾试图激发我的希望,现在您又扩展了我的认识,并借以扩展了我的力量和勇气。现在我确实能更加勇敢地注视这个战场,我也确实后悔太过迅速地从那里逃离。我们对我们自己一无所求,也不忧虑会有多少个体在这个战斗中倒下,以及我们自己是否会第一批倒下。正是因为我们严肃地对待这场战斗,我们才应该不能太在乎我们可怜的个体。一旦我们倒下,其他人会立即举 696
起上面刻有我们信念的勋章的旗帜。我将不考虑我是否有足够的力量去打这场战斗,也不考虑我是否能长久地抵抗下去。在这样的敌人的挖苦中倒下,是一种十分光荣的死亡,因为他们所严肃对待之事对我们来说常常显得荒唐可笑。只要想想我的同龄人曾经怎样像我那样为人文中学的教师职业的召唤,这一教师职位的最高召唤而准备时,我就知道我们过去是多么经常地嘲笑那些恰好相反的东西,多么经常地严肃嘲笑那些极为迥异的东西。"

"现在,我的朋友,"哲学家微笑着打断了弟子的说话,"你说起

① 此一段落是上一演讲倒数第二段的重复。——译注

话来像一个不会游泳的人却要往水里跳，其恐惧的不仅仅是溺水身亡，更多的是怕被人耻笑。但是，被人耻笑是最后一件令我们恐惧的事情。因为我们所处的领域有那么多的真理有待说出，而说出那么多令人惊怖、痛苦和不可原谅的真理，必然会使我们遭受最为明白的仇恨，而且，只发一发怒就会引起某种令人窘迫的嘲笑。对此，你只须想一想这种情况：不计其数的教师群体，他们最真诚地接纳了迄今为止的教育制度，兴高采烈地、毫无怀疑地继续推进这种体制。当这些人听到自己被排除，确切地说，被大自然出于自身的利益而排除在外的计划，听到远远超出其平庸的能力的要求和命令，听到从未在其心中产生回响的希望，听到那种他们从不理解的战争召唤，从而在其中只能作为麻木、愚钝和阻抗的庸众的战斗时，你想想他们会如何表现？毫不夸张地说，他们必然采取我们中等教育机构的绝大多数教师的立场。确实，如果我们考虑到这些教师绝大多数是如何产生，又是如何成为这些中等教育机构的教师的，那么我们就不会对这种立场感到惊奇了。现在到处都是
697 数量过度膨胀的中等教育机构，而它们又需要招募数量更加庞大的教师，从而使其数量已远远超出了一个民族，甚至是一个优秀民族天然所能产生的程度。因此，有大量不够资格的人进入了这类教育机构，而且，由于他们在人数上占据着绝对的优势，于是，凭借着物以类聚的本能，他们便逐渐决定了这些机构的精神本质。这些人永远无望去理解教育的事情。他们错误地相信，只要通过引入一些规章制度，我们目前教育机构及其教师的超出比例的数量繁荣，就可以转化为真正的繁荣，转变成大自然的丰盈，而无须对其进行数量上的大幅削减。相反，我们则一致认为，就大自然本身

而言，只有极为少量被它选定和选派的人，才适合一种真正的教化历程。而且，对于他们的幸运的发展，极为少量的中等教育机构就已足矣。然而，在目前数量庞大的教育机构中，恰恰是这些极为少数的人，感到自己最少得到促进，而这些机构本来是为他们而建立起来的。

“教师的情况也同样如此。恰恰是那些最优秀的教师，那些按
照较高标准一般来说配得上这一称号的教师，在今天的人文中学
中最不适合教育这些未加拣选、胡乱堆集在一起的学生，并且，这
些最好的教师，在某种程度上，还必须把他们所能给予的最好的东
西对这些学生保密。相反，那些绝大多数的教师在这些机构却感
到如鱼得水，因为他们平庸的天赋与其愚笨贫乏的学生处于某种
和谐的关系之中。正是这些绝大多数的教师呼吁建立了那些新的
人文中学和更高级的教育机构。在我们所生活的时代，他们震耳
欲聋的持续呼声毕竟唤起了一种印象：似乎有一种巨大的教育需 698
求需要得到满足。但是，恰恰在这里，人们需要学会去正确地倾
听。正是在这里，我们不要为这些教育大话的喧嚣的效果所动摇，
而是要认清那些如此不倦地谈论其时代教育需求之人的真面目。
然后，我们就会看到一个令人尤为失望的现象，我亲爱的朋友，我
们曾如此频繁地经历过这类现象：一旦我们就近认真观察，就会发
现这些高声阔谈教育需要之人突然变脸，会热切而狂热地反对真
正的教育和教化，也就是，反对坚持精神王国的贵族本性的教育和
教化。因为他们认为，他们的目标就是要把大众从少数伟大的个
体的统治之下解放出来，力图从根本上摧毁精神王国最神圣的等
级秩序，摧毁大众在天才统治之下的仆役地位、卑下的服从和忠诚

本能。

“很久以来，我就已习惯了谨慎地审视那些热衷于通常所理解的、所谓的‘国民教育’之人，因为他们多数是在自觉或不自觉地欲求自己的绝对自由，并必然会堕入野蛮时代的普遍的狂欢[1]之中。但是，神圣的自然秩序并不允许这种自由，他们天生就要服役和服从。他们跛足的、爬行的和折翅的思想一开始工作，就证明了大自然用了什么样的黏土来炮制他们，并且被打上了怎样的工厂印记。因此，大众教育不是我们的目标，我们的目标是被拣选出来、为了创作伟大而永恒的作品做准备的少数个体的教育教化。我们现在知道，公正的后代在评价一个时代的国民总体教育状况时，将完全依据那个时代的那些特立独行的伟大英雄，并依据这些伟大之人
699 受到认可、促进、尊重或被埋没、虐待和毁灭的方式来给出他们的判断。人们采取直接的手段如普遍的强制性的基础教学，来实现所谓的国民教育。但是，这种手段只能是完全外在的和粗糙的。因为大众的教育教化一般所触及的是国民生活的根本的更深层次的宗教领域：国民的宗教本能在这里孕育，国民继续诗化其神秘图景，保持对其风俗、公义、故土和语言的忠诚。所有这些宗教性领域很少能用直接的手段，或无论如何不能只用摧毁性的暴力来加以触及。在这些严肃的事情上，要真正促进国民教育，恰恰意味着要拒绝使用这些摧毁性的暴力，恰恰意味着维持国民的健康的无知和沉睡。没有这种反作用，没有这种疗救手段，任何文化在其自

---

[1] 古罗马的农神节带有狂欢的倾向，特别是在罗马帝国后期，更趋纵情堕落。——译注

身行动的消耗性的紧张和激动中都难以获得存续和进展。

“但是，我们知道，那些人所追求的就是想中断国民这种治疗性的健康沉睡，不断地向他们呼喊：‘睁开眼睛！觉悟吧！明智吧！’我们知道这些人的目的，他们想借助所有教育机构的极度扩展以及由此产生的对自负的教师阶层的扩展，来满足他们唤起的过度的教育需求。正是这些人通过这些手段，在与精神王国的自然的等级秩序作斗争，试图摧毁那种从国民的无知与沉睡中爆发出来的最高尚、最高贵的教育力量之根。这种力量在分娩天才，然后给予其正确的教育和爱护方面，负有母亲般的使命。我们只有借助母亲这个比喻才能理解一个民族在天才方面真正的教育的重要性和责任：天才的真正来源不在那些人所鼓吹的国民教育之中；可以说，他只有一个形而上学的来源，一个形而上学的故乡。但是，他要现出身来，他要从民族中现出身来，他要去绘制一幅被反 700
射的画卷，一幅饱蘸着这个民族所有独特的力量和色彩的辉煌画卷，他要以类似个体创作永恒作品的方式，来描绘和认识这个民族的最高贵的使命，从而与其民族自身的永恒接续起来，把它从瞬时变换的事物中拯救出来：对于天才来说，他只有在一个民族的文化、教化的母亲怀中成长乃至成熟，才有可能做到这一切。没有这一保护性的温暖的故乡，这些天才一般不可能展翅作其永恒的飞翔，他们就像被放逐在冬日荒原的异乡人，过早地、悲惨地从其贫瘠的故土蹒跚离去。”

“我的导师，”弟子这时说道，“您这种天才的形而上学令我惊异，我对这个比喻的精妙只能有模糊的理解。但是，我完全理解您所说的人文中学的过剩以及由此引起的中学教师的过剩。我正是在这个领域积累了不少经验，它们使我确信，人文中学的教育趋势**不得不**完全按照这种庞大的教师数量来自我校正。这些教师在根本上与教育没有关系，他们之所以走向这条路完全是因为所谓教育机构的急需。任何人只要在一次灵光乍现中相信希腊世界的超凡脱俗与难以企及，并经过艰难的斗争之后仍捍卫这一信念，他就会知道，通往灵光乍现的入口从来都不会对多数人敞开；因此，他会认为，那些出于职业前景和赚取面包的考虑，像对待一件日常手艺工具一样来与古希腊交往，毫无羞耻和敬畏地用粗糙的手艺人之手在希腊圣物上乱摸之人，不仅荒唐愚蠢而且有失体面。但是，
701 恰恰是在被吸引到人文中学从事教师职业的绝大多数人中，即古典语文学者这一群体中，这种粗鲁的毫无敬畏的态度最为普遍，因此，这样一种态度在人文中学中继续发展和传承就并不令人惊奇了。

“我们只须看看年轻一代的古典语文学者的所为就可以认识到这一点。面对古希腊这样无与伦比的世界，我们都有一种羞愧之感，感到无颜存在，但相比之下，我们注意到，这些年轻的古典语文学者却罕有这种羞耻感。这帮小混蛋多么冷静镇定，多么厚颜无耻地把自己可怜的小巢筑在古希腊最伟大的神庙里！他们从其大学时代开始就在令人惊叹的希腊世界的遗迹上随意踩踏，自鸣得意，毫无敬畏和羞耻。希腊遗迹的每个角落真该向他们中的绝大多数人发出强有力的震撼的怒吼：‘从这里滚开，你们这些未得密传之人。你们这些永远不会得到密传之人，偷偷地溜走吧，闭嘴吧，羞愧吧！’但这种咒语是徒劳的，因为要理解希腊人的咒语和禁令，人们必须首先成为一定程度的希腊人！但这些人太过野蛮了，

竟然要按照自己的习惯，为了自己的舒适来安置希腊遗迹，让它们适应自己。他们带着他们所有的现代的安逸舒适和业余的嗜好想象，把它们藏在这些古代的柱石和墓石之下，然后，当他们在这些古代的环境中重新找出他们自己之前狡猾地偷偷塞进去的东西时，就会激动地欢呼雀跃。比如，某人能做几行歪诗，学会查阅赫西修斯词典[1]，他立即相信自己注定就是埃斯库罗斯[2]的改写者。他竟也找到了自己的信徒，这些信徒竟也声称他与埃斯库罗斯意气相投、资质相当，但他实际上就是一个剽窃诗的盗贼！又如，某人用一双警察式的怀疑的眼睛去寻求使荷马有罪的所有矛盾以及矛盾的蛛丝马迹。他们把自己的生命耗费在撕裂和缝合荷马的碎片上，而这些碎片是他最初从诗人荷马辉煌的长袍上盗窃来的。再如，某人考察了古代世界几乎所有的秘仪和纵欲的方面，并让自 702
己倍感不适，于是便决定一劳永逸地仅仅保留被启蒙了的阿波罗，从而使得人们在雅典人那里只看到一个明朗、理智但仍有点儿不道德的阿波罗形象。[3] 当他把古代世界的一个阴暗角落提高到自己的启蒙高度时，当他在早期毕达哥拉斯学派那里发现一个开明政治的同行时，他是怎样地松了一口气啊！又如，某人苦恼不已地思考为什么俄狄浦斯会被诅咒必做弑父娶母如此可怖之事。罪责在哪里！诗的正义在哪里！他突然大悟，原来俄狄浦斯狂热且易

① 赫西修斯(Hesychius，前5世纪?)词典：一部关于不常用词和短语的词典，许多词条取自技术语言、古老的诗人和生僻的方言。——译注

② 埃斯库罗斯(前525—前456年)：古希腊悲剧诗人，与索福克勒斯和欧里庇得斯一起被称为古希腊最伟大的悲剧作家，有“悲剧之父”的美誉。——译注

③ 这里谈及阿波罗，似乎是在暗示其著作《悲剧的诞生》。——译注

激动，缺乏所有基督徒的温和敦厚，因为当提瑞希亚斯称他是个怪物[①]，将是整个城邦的诅咒时，他就曾陷入一种完全不得体的激动之中。索福柯勒斯也许在教导我们，要谦卑温顺！否则你必会弑父娶母！再如，某人穷其一生去计算古希腊和古罗马诗人的诗篇的长度，并为发现'7∶13 = 14∶26'[②]的比例而欣喜不已。还有某人甚至提出可以从介词的角度来解决荷马史诗中的问题，相信可以借用介词"向上"和"向下"[③]从荷马的井里捞取真相和真理。总之，所有这些人尽管怀着不同的目的，但却都是笨拙地在古希腊的遗迹上不倦地挖掘和捣腾。对于这些现象，古代世界的真正朋友必然深感痛心。因此，对于每一个感到自己有某种研究古代世界的职业倾向的人，不管他有无天赋，我都想抓住他的手，向他发表这样一番宏论：年轻人，当你带着自己那点课本知识踏上这属于灵巧而非笨拙之人的旅途时，你知道你面临什么样的危险吗？你是否听说过，按照亚里士多德的观点，被像柱砸死绝对不是一个悲剧的死法？[④] 但正是这样的死法在威胁着你。[⑤] 这不使你感到震
703 惊吗？你应该知道，若干世纪以来，古典语文学家试图把古希腊已经倒塌和陷落的雕像重新树立起来，但至今总是力不从心，没有成功。因为那雕像十分巨大，单一个体的努力就像侏儒在上面爬行。

① 因为当……怪物］索福克勒斯《俄狄浦斯王》，第 353 行。——编注

② 这个例子也许在暗示一种数字命理学的混合。——译注

③ "ana"和"kata"为希腊语中的介词。其中，"ana"意思是"向上"（相当于英语中的"up"）；"kata"的意思是"向下"（相当于英语中的"down"）——译注

④ 亚里士多德］《诗学》1452a，第 7—10 行。——编注

⑤ 你是否……威胁着你］参见《查拉图斯特拉》，"论可见的德性"，卷四，第 101 页，第 21—22 行。——编注

尽管众人联合，并且运用现代文化的所有起重手段，但那雕像刚被抬离地面，却又重新倒下，并且可能会压碎下面的人。不过，压死人还可忍受，因为人总是要死于某个原因。但谁能保证在这些尝试中雕像本身不被砸成碎块！那些古典语文学家可能会被希腊世界压成碎块，这尚可忍受，但令人不可忍受的是，希腊世界也会被这些语文学家砸成碎块！年轻人，请你想一想，你这轻率莽撞之人，转身回去吧，如果你不想成为圣像破坏者的话！”

“实际上，”哲学家笑着说，“正如你所期望的那样，现在已经有大量古典语文学者转身离开了，而且，我也注意到一个与我青年时期的经验形成鲜明对比的现象：相当数量的离开者或是有意识或是无意识地相信，这种直接研究古代世界对他们来说，是无用的，且没有前景，因此，即使今天，多数的古典语文学者认为这种研究是过时的，不会有结果，也不会有创见。这群人怀着越来越大的热情转入语言学研究。在语言学这片广袤的处女地上，即使资质最平庸之人，眼下也有用武之地；由于这个领域的研究方法的新颖和不确定性，以及易犯想象性错误的持续危险，因此，某种程度的冷静及忍受枯燥无趣的能力，甚至已被视为积极的决定性的天赋；按部就班、循规蹈矩的劳作，恰恰是这个领域所最为期望的；从古代世界的遗迹中发出的那种庄严的警告声音，是吓不退这个领域的新来者的；这个领域张开双臂欢迎每一个人，甚至包括这种人：他们尽管阅读索福克勒斯以及阿里斯托芬[1]，但从没有留下任何不 704

① 阿里斯托芬(Aristophanes，前448—前380年)：古希腊喜剧诗人，其喜剧有《云》等。——译注

同寻常的印象以及值得重视的思想，结果便只好将自己安放在语源学的织布机旁，或被诱惑去收集遥远的方言的碎片，将其时日耗费在联结与分离、收集与分散、跑进与跑出以及查阅各种图书之上。但是现在，这种有用的语言研究者还首先必须是教师！根据他的责任，他必须为了人文中学学生的福祉，对古代作家有所教授，但他自己却从未对古代作家有什么印象，遑论洞见！这多么令人窘迫！古代世界从未向他说什么，结果他对古代世界也一无可说。他突然灵光乍现，自鸣得意地恍然大悟：为什么他是个语言学家！为什么古代作家用希腊语和拉丁语写作！于是，他立即怀着愉快的心情开始对荷马做语源学分析，为此，他向立陶宛语或古保加利亚语，主要是神圣的梵语寻求帮助，似乎学校的希腊语课不过是普通语言学导论课的幌子，似乎是荷马犯了一个原则性的错误，即没有用古印度-日耳曼语来写作。[1] 凡是了解今天人文中学之人，都会知道这些教师对古代世界是多么陌生，而且，正是因为这种陌生感，学术的比较语言学才获得如此的兴盛和优势。”

“我认为，”哲学家弟子说道，“重要的是，一个从事古典教育的教师不要把他的希腊人、罗马人与其他人，特别是野蛮民族混淆起来，也绝不能把希腊语和拉丁语与其他任何语言并列起来。从他的古典倾向来看，他恰恰不应该关注希腊语和拉丁语的基本骨架与其他语言是否一致，是否有亲缘关系。一致的地方，对他并不重要。只要他想成为真正的教化的教师，只要他想按照崇高的古典

① 立陶宛语……来写作］与其他语言比较，似乎古代学（Alterthum）只是学习梵语的准备，似乎希腊语课不过是普通语言学的一个入门的借口。——编注

榜样来改造自己，那么，他恰恰应该真正关注**那些不一致的地方**，705
真正关注是什么使得古希腊罗马不同于野蛮民族且高于野蛮民族。”

“我也许会弄错，”哲学家说，“但我怀疑，我们现在人文中学教授拉丁语和希腊语的方式，恰恰使得对精通这种语言以及轻松自如地用其读写的能力丧失难寻了。我们现已垂垂老矣且所剩无几的稀少的一代，在这些方面的能力曾更为优秀出色。另一方面，在我看来，今天的教师在其教学中太过纠缠于语言的历史和发生史的重要性，这样，其最好的情况，也不过是培养出新的小梵语学者或语源学小鬼和考证浪子而已，但他们中没有一个人能够像我们老一辈那样轻松愉快地阅读他的柏拉图和他的塔西佗[①]了。因此，今天的人文中学仍然可以是学术和博学的场所，但这种学术和博学不是作为指向最为高贵的教化目的的自然的和无心的副产物，而是那种类似不健康躯体的浮肿。今天的人文中学当然仍是培养这种学术和博学的浮肿的场所，如果它还没有确实蜕化为如今总爱自诩为‘当代德国文化’优雅又野蛮的拳击台的话。

“但是，这些可怜的数量众多的教师应该逃往哪里呢？”弟子询问道，“要知道大自然并没有赋予他们获取真正的教育教化的天赋，他们之所以勉为其难成为教育教化的教师是因为一种急迫的需求，是因为学校的过量导致了他们的过量，是为了谋生和面包！如果古代世界不容分辩地命令他们走开，那么他们能逃往哪里呢！

① 塔西佗(Tacitus，约55—120年)：古罗马最伟大的历史学家，著有《日耳曼尼亚志》和《历史》等。——译注

难道他们不会成为当代诸种势力的牺牲品！这些势力借助其不知
706 疲倦的报刊喉舌日复一日向他们嚎叫：‘我们就是文化！’‘我们就是教化！’‘我们就是高度！’‘我们就是金字塔的顶峰！’‘我们就是世界历史的目的！’当他们听到这些诱惑性的预言，当这些非文化的最无耻的征兆以及报刊中所谓‘文化兴趣’的贱民的公共性，被颂扬为一个全新的、最高可能的和最成熟的教育教化形式的基础时，这些可怜的教师将逃往哪里呢！如果他们也能略微感知所有这些预言都是十足的谎言时，那么要想不再听到这些喋喋不休的教育聒噪，除了逃往最让人麻木、最为枯燥、最为贫瘠的科学和科学研究之中，还能逃往哪里呢？他们以这种方式生活，难道最终不会像鸵鸟那样将头埋在沙里！埋头于方言、语源学和考证之中，过着蚂蚁般辛勤的生活，这尽管远离了真正的教育教化，但至少可以闭塞耳目，不闻当代时髦文化的聒噪，对于他们来说，这难道不也是一种真正的幸运和幸福吗？”

“你说的很有道理，我的朋友，”哲学家说，“但是，哪里的铁律会规定，教育机构必须过剩，从而教师也必须过剩？我们不是清楚地认识到，这种过剩的要求是从一个敌视文化的领域响起的，而且这种过剩只能必然导致和有利于非文化？实际上，我们之所以谈论这种铁律，完全是因为现代国家习惯参与谈论这些事情，并愿意借助其装备来一举实现自己的要求。那么，这就会给大多数人这样一个印象，即，似乎是事物的永恒铁律和最初法则在向他们说话。此外，谈论这种铁律之要求的所谓的‘文化国家’，则是一个新
707 事物，直到最近半个世纪才是一个‘不言而喻’的事物。但是，在最近半个世纪，按照人们时髦说法的许多‘不言而喻’的事物本身并

非‘不言而喻’。恰恰是最强有力的现代国家即普鲁士如此严肃地对待这种对教育和学校的最高的领导权，再加上其政治体制特有的果敢和强硬，从而使得它所采取的这种令人忧虑的原则，获得了普遍地威胁和伤害真正的德意志精神的意义。因为从这个方面来看，我们会发现，把人文中学提高到所谓的‘时代的高度’的努力，已被正式严格地系统落实了。在这里，我们可以发现用来激励尽可能多的学生接受人文中学教育的所有手段的兴盛；在这里，国家甚至成功地运用了其最强有力的手段，即在服兵役方面被赋予的特权。按照统计官员的客观报告，这一点，唯有这一点，可以解释为什么所有的普鲁士人文中学普遍满员，为什么会持续出现建立新学校的最迫切的需要。要推进教育机构的过量，国家只需把政府所有的高级位置和绝大多数的低级位置、大学入学资格尤其是最富影响的军人优待，与人文中学密切联系起来就可以了。这样一来，在一个推行普遍义务兵役制和最无限制地开放官员职位的国家，所有这些必然会不自觉地把所有有天赋的人才都吸引到这个方向上来。在这里，人文中学首先被视为某种晋升之阶。每一个感到自己有从政冲动之人，都会被发现竞奔在人文中学的途中。在这里，有一个新的无论如何没有先例的现象，即国家自命为文化的引路人，凡在它追求自己的目的之时，它都强迫它的每个臣民如 708
果不手擎着普及的国家教育的火炬，就不可以出现在它的面前，强迫他们在摇曳不安的火光中重新把国家视为最高目的，作为其所有教育努力的奖赏。现在，这最后一点确实令他们有所疑虑，例如，它会使他们想起那种逐渐被理解的、曾由国家所促进并服务于国家目的的哲学倾向，也就是黑格尔哲学的倾向：是的，也许可以毫不夸张地说，在把所有的教育努力都隶属于国家目的方面，普鲁士成功地窃取了黑格尔哲学中具有实用价值的遗产，后者对国家的神化在**这种**隶属关系中达到了顶峰。”

“但是，”哲学家弟子问道，“在这样一种令人疑虑的哲学倾向中，国家可以追求什么样的目的？因为它确实追求某些国家目的，这可以从普鲁士的学校状况为其他国家所赞赏、深入思考，偶尔也被模仿中可以看出。这些国家在这里显然假定了某种在类似的方式上有利于国家的存续及其强大的东西，比如说，著名的、为人乐道的普遍兵役制。在普鲁士，几乎每个人都会不时地、骄傲地穿上军装，并且几乎每个人都通过人文中学而习得了这套整体划一的国家文化。也是在这里，人们有极为热情谈论古代的倾向，谈及国家只有在古代曾一度达到的绝对权力和神圣万能，谈及在古代，几乎每个年轻人都被通过教育和本能来督促他们把国家感受为人的存在的顶峰和最高目的。”

“这种对普鲁士和希腊国家的比较，”哲学家说，“诚然充满无限感情，但不能只是单方面的比较。因为希腊国家恰恰是尽可能地远离这种只把对国家本身直接有用的东西视为文化的功利考
709 量，也绝不会希望去戕杀那些不能证明对自己即刻有用的冲动。恰恰由于这个原因，思想深刻的希腊人对其国家所持的强烈的崇奉和感激之情会让现代人感到几乎有失体统，因为希腊人认识到，没有**他的**纾困救急的国家机构的保护，任何文化的萌芽不会得到发展；没有**他的**国家机构的细致和明智的呵护，其完全不可模仿的、对所有时代来说是无与伦比的文化，也不会如此兴盛繁荣。国家不是其文化的监管者、调节器和监护人，而是文化的强壮威武、

准备并肩作战的同伴与同路人；它护送希腊那些高贵的、令人钦佩的几乎是永恒超凡的朋友超越严酷的现实，并赢得其发自内心的感激。相反，如果现代国家今天也要求这样一种爱慕的感激之情时，它肯定会失败，因为它似乎知道国家所要求的骑士般的效劳有悖于最高的德意志文化和艺术；因为在这方面，它的现在和它的过去一样可耻下流。作为证明，我们只需思考一下德国的大城市是怎样庆祝我们伟大的诗人和艺术家的纪念日，国家又是如何支持这些德意志大师的最高的艺术计划的。

“因此，国家在以所有方式促进这里所谓的‘教育’的倾向中，在其所促进的、隶属于这种国家倾向的文化中，肯定有其特定的环境。我的朋友，那种国家倾向与我所慢慢向你勾勒的真正的德意志精神以及源自这种精神的教育，处于一种有时公开、有时隐蔽的敌对关系之中。故而，这种对国家倾向有益并被国家积极促进的教育精神，这种孕育受到其他国家所敬佩的学校体制的教育精神，确实发端于从未触及过真正的德意志精神的领域。这种真正的德 710
意志精神从德国宗教改革、德国音乐和德国哲学的最内在的核心在如此辉煌美妙地向我们言说，但却像一个高贵的流放者，受到国家所提供的过分发育的教育的冷漠对待和轻蔑嘲讽。它是一个异乡人，在孤独的悲伤中消逝。而在这边，那种伪文化却香火鼎盛，在‘有教养的’教师和报刊撰稿人的聒噪中，它僭取了真正的德意志精神的名称、尊严，冒用‘德意志’的名号去玩着卑鄙的把戏。为什么国家需要教育机构及教师的过剩？为什么需要这种范围广泛的国民教育和国民启蒙？这是因为真正的德意志精神遭受嫉恨；因为人们恐惧真正教育的精神本性；因为人们想借以迫使伟大的个体去自我放逐，以在大众之中种植和培育大众的非分的教育要求；因为人们想使大众相信他们只要遵循国家的指导(!)，就可以轻易地自己找到道路，以逃避少数伟大导师的严格而严酷的训练。一种新现象！国家成为了教育教化的指导者！尽管如此，有一点令我感到安慰：这种德意志精神，人们如此反对并甚至用一个衣着华丽的代理牧师来加以顶替的德意志精神，则是勇敢而坚韧的。它将战斗着进入一个更为纯粹的时代，以自我救赎，并将如其所是地高贵，如其将是地凯旋。它自身对国家保持着一定程度的同情，如果后者为其紧急情况所迫而抓住这样一个伪文化作为其同盟者的话。因为人们哪里懂得统治人的任务是多么困难，也就是说，要在极端自私、不公正、不讲道理、不正派、嫉妒、阴险狡诈、心胸狭隘
711 和固执怪癖的绝大多数民众中保持法律、秩序、安静与和平；要持续地保护国家自身获取的少量财产不受贪婪的邻居和阴险的强盗的掠夺。[①] 处于这种境况之下，国家会抓住每一个同盟者，特别是当一个同盟者花言巧语自我推荐时，当这个同盟者如黑格尔哲学所做的那样，把国家颂扬为‘绝对完善的伦理有机体’，[②]把每个人的教育任务说成找到自己最有利于国家的地方和位置时。如果国家毫不犹豫地拥抱这样一个自我推荐的同盟者，用充满信心的野蛮声音对它大声喊道：‘是的！你就是教育！你就是文化！’那么，谁会对此感到大惊小怪呢！”

---

① 要持续地保护……掠夺] 出发点是，保护那些成为其部分财产的少数物品免受无数只有体力之人的侵害。——编注

② 一般认为，这一思想体现在黑格尔的《法哲学》中。——译注

第四次演讲 712

尊敬的听众！之前，你们一直忠诚地跟随我的讲述，我们也一起共同忍受了哲学家及其弟子之间那场寂寞、遥远且不时带有谩骂的对话。现在，我希望你们就像游泳健将那样有兴趣经受住我们的下半泳程，同时我向你们许诺，还将有一些新的人物将加入到我所经历的这场小木偶戏中。假如你们一直坚持在听，那么我接下来讲述的波浪将会轻松、迅速地把你们送达旅程的终点。换句话说，我们的讲述马上会有个转折，不过，我们最好还是先做一个简短的回顾，看看我们认为从这个如此跌宕起伏的对话中获得了哪些东西。

“坚守自己的岗位，”哲学家似乎对自己的弟子喊道，“因为你可以抱有希望。因为越来越清楚的是，我们根本没有真正的教育机构，但我们必须拥有它们。我们人文中学的最初建立是为了这一崇高的目的，但是，它们现在或是沦为一种令人忧虑的文化的温床，而这种文化怀着最大的仇恨驱赶一种建立在少数被精心拣选的心灵基础之上的贵族性的教育；或是堕落去滋养一种枯燥、贫瘠 713
的，或无论如何远离教育教化的科学，其价值也许在于可以对那种令人忧虑的文化的诱惑闭目塞听。”哲学家特别让其弟子注意这样一个少见的现象：一种文化的核心必然会腐化堕落，如果国家相信自己可以控制这种文化，并通过它来达到自己的目的，如果国家还联合这种文化反对其他的敌对力量，反对哲学家所大胆称之为‘真正的德意志精神’的精神。这种通过其最高贵的需要而与希腊世界联系起来的德意志精神，在艰难的过去被证明是坚毅的、勇敢的，其目标是纯粹的、高尚的，它有能力凭借其艺术把现代人从现代的诅咒中解放出来。尽管它现在注定备受冷落，被从自己的遗产中放逐，但是，如果它从现代的沙漠中发出自己悠长的悲痛之声，就会使这个时代堆满杂物的、装饰华丽的教育商队惊恐不已。哲学家认为，我们应该为时代带来惊恐，而不是惊异。他建议，不要从战场胆怯地逃跑，而是要进攻。他特别对其弟子强调，不要太过担心和太过焦灼地思虑那类出于其更高的本能和倾向而对当代之野蛮喷涌其厌恶的个体。“让它灭亡：阿波罗神庙之神不愁找不到一个新的三角支架，一个新的女巫，只要神秘之汽仍从神庙深处冒出。”①

哲学家重新提高了声音说道：“请注意，我的朋友，请不要混淆了两类学习和教育。一个人为生存、为了生存斗争而进行了大量学习，但他作为个体为这个目的所学习的一切都与真正的教育教
714 化毫无关系。只有在远高于这种困境、生存斗争和贫穷的大气云层之上，真正的教育教化才开始。这里的问题是，一个人在何种程度上看重他自己的自我②与其他人的自我，为他个体的生存斗争

① 德尔斐的阿波罗神庙的神谕之神，一般坐在一个冒气的地裂上的一个三脚架上作自己的预言。尼采这里所说的“发现一个新的三角支架”，也许是指不同神话中所提及的赫拉克勒斯(Hercules)偷盗三角支架的事情。——译注

② 关于这里的“自我”(Subjekt)的理解，可以参照《悲剧的诞生》中所说的“个体性原则”。——译注

花费多少精力。有的人以斯多噶的方式限制自己的需求，便很快轻松地提升到一种忘却自我，似乎是抖落自我的境界，从而在一种无时间的、非个人的事物的星系中享受永恒的青春。有的人则将自我的范围和需要扩展得如此广阔，以如此不可思议的规模去建构自我的摩索拉斯陵墓[①]，似乎他能够战胜和征服可怕的庞大对手——时间。这样一种动机也体现了对不死不朽的追求：财富和权力，智慧，沉着，雄辩，气宇轩昂的容貌，举足轻重的名声，所有这一切在这里都变成了手段，个体的贪得无厌的生命意识借以渴望新的生命，借以渴望一种终是虚幻的永恒。

“但是，即使是在自我的这种最高形式中，即使是在这样一种如此扩展的似乎是共同的个体的最高需要中，也与真正的教育教化没有任何关联。例如，如果从这个方面来寻求艺术，那么我们只能看到艺术的消遣效果和刺激效果，因此会看到这类人：他善于最大化地引发低级的堕落的艺术，并最大化地抑制纯粹的、高尚的艺术。因为他所有的活动和努力在旁观者看来也许也显得卓越出众，但他仍从未摆脱其欲求着的、不倦的自我，那个无自我的静观的澄明世界总是逃离他而去。因此，尽管他学习、旅行、收集，但他总是与真正的教育教化保持着永恒的距离，过着一种被它放逐的生活。因为真正的教育教化耻于被利欲熏心的个体所玷污，善于 715
从把它视为达到自私利己的目的的手段之人那里溜走。因此，即使有人自以为牢牢地抓住了它，把它作为谋生的手段，用它来平息

① Mausoleum，古希腊哈利卡纳苏斯的摩索拉斯陵墓，世界七大奇观之一。——译注

生计的困境，但它总会面带嘲讽的表情悄无声息地突然逃开。[1]

“因此，我的朋友，请不要把这一真正的教育教化，这种纤足的、娇贵的天国仙女与那种实用的女佣混淆起来，后者即使也被称为‘教育’，也只是为个体生命窘境、收益和需要充作有智识的服务者和咨询者。但是，任何以一个职位或获取面包为其历程之前景的教育，都不是我们所理解的迈向教化的真正的教育[2]，而只是一种指导个体在生存斗争中采取何种手段去拯救和保护自我的生存指南。当然，这样一种指南对绝大多数的年轻人来说都是至关重要的，而且，生存斗争越是艰难，年轻人就必须学习越多，就必须越是紧张地调动和使用他的力量。

“但是，没有人会相信，这种激励人们并使之具有能力去进行这种生存斗争的机构，可以在任何严肃意义上被视为教育机构。它们是应付生计和生存危机的机构，只会许诺培养官员、商人、军官、批发商、农场主、医生或技术员。这种机构所奉行的原则和标准无论如何不同于建立一个真正的教育机构的原则和标准。前者所允许的，甚至尽可能所提供的东西，在后者那里则被视为亵圣般的不义与犯罪。

“我的朋友，我想举个例子。如果你想把一个年轻人引向真正
716 的教育之道，那么请你注意不要干扰他与自然的那种质朴、忠诚的，类似人际之间的亲密关系：森林、岩石、暴风、猛禽、花朵、蝴蝶、草地、山坡都必定会用自己的语言向他诉说；在它们之中，他必定

---

① 从这些表述可以看出，尼采仍然处于叔本华的影响之下。——译注

② “迈向文化或教化的教育”(Erziehung zur Bildung)，这一表述体现了教育(Erziehung)和教化(Bildung)之间的区分，即教化为教育的目的。——译注

像是在无数相互投射的映照和镜像中，在变化着的景象的色彩缤纷的漩涡之中，重新认识自己。因此，他会无意识地在自然的伟大图景之中感受到万物的形而上的统一，同时他会在对自然的永恒的持久顽强和必然性的静观中平静自己的心灵。但是，到底有多少年轻人可以被允许在与自然的如此切近的类似人际之间的亲密关系中成长啊！有多少人不得不过早地学习另一种真理：如何征服自然！这就不再有那种质朴的形而上学了。关于植物和动物的生理学、地质学和无机化学迫使年轻人用完全不同的视角看待自然。他们在这种被迫的视角中，不仅丧失了某种诗意的幻象，而且还丧失了对自然的本能性的真正的和独特的视角，取而代之则是对自然的精明算计和巧妙榨取。因此，真正有教养之人被赋予了那些被迫进行生存斗争之人从来不能想象的一种无价之宝，即一种始终忠于自己童年时的静观本能的能力，从而能够借以达到一种安静、统一、和谐与一致。

“但是，我的朋友，你不要认为我会减少对我们的实科中学和市立学校[①]的赞美。我赞美这些机构，人们在这里学会有条理地计算，掌握现代语言，研究地理知识，以自然科学的神奇发现武装自己。我也非常乐于承认，那些较好地完成我们时代的实科中学学习的学生完全有资格要求与人文中学的毕业生被同等地对待。大学和政府部门处处向这样的学生敞开大门的时代已不再遥远， 717
正如他们不加限制地欢迎人文中学的毕业生一样——注意，我这

① 市立学校：德国18世纪出现的一种强调实用倾向而非大学预备教育的中等教育机构，类似实科中学。——译注

里说的是今日人文中学的毕业生！对此，我忍不住加上一句令人痛苦的话：如果实科中学和人文中学的当今的目标在整体上是如此一致，相互之间只是在程度上存在着如此些微的差异，以至于在国家的法庭之前拥有完全平等的权利，那么，我们仍然完全缺乏一种特定的教育机构：为了人的教化和文化的发展的真正的教育机构！我绝不是在谴责实科中学，因为它们至今为止一直既快乐又诚实地遵循着自己较低的但又绝对必要的意图和倾向；相比之下，人文中学在追求自己的倾向上则既不诚实得多，也不幸得多。因为人们在这里会感受到一种本能的羞耻感，会不自觉认识到，整个机构已可耻地堕落了；毫无创造力的沉闷野蛮的现实，反对着善于精明辩护的教师们的教育大话。因此，还不存在真正的教育机构！在那些仍在伪装有真正的教育的地方，人们要比教授实用学科、信奉所谓的'实在主义'的实科中学中的人们更加绝望、不满、憔悴和衰退！此外，请你们注意，我的朋友，教师圈中有些人是多么粗野无知，他们竟然对严格的哲学术语'实在的'和'实在主义'误解到这种地步，以至于会在其背后嗅出精神与材料的对立，并把'实在主义'解释为认识、塑造和掌控现实的哲学流派。

"在我看来，只有两种真正对立的教育机构：一种是为了**真正的教育的机构**，一种是**为了生计的教育机构**。我们目前所有的机构都属于第二种，但我只谈论第一种。"

718 大约两个小时过去了，哲学家及其弟子一直在谈论着如此触目惊心的问题。夜越来越深了。如果说哲学家的声音在黄昏时听起来像是穿越林苑的自然音乐，那么现在，在夜色完全漆黑之时，他的声音越来越激动，越来越激昂沉痛，像是变幻着的雷声，在远处的山谷嘶鸣和轰鸣，在树林和岩石之间回响和消逝。突然，他沉默了。他几乎是痛切地重复说道："我们没有教育机构，我们没有教育机构！"[①]这时有什么东西掉落下来，似乎是一个冷杉果球，直接掉落在哲学家面前，他的狗叫着，扑了过去。于是，沉默被打破了，哲学家抬起头，刹那间感觉到了黑夜，清凉而孤寂的黑夜。"我们这是在干什么！"他对其弟子说道："已是深夜了。你知道我们在这里等谁。但他不来了。我们白白等待了这么久，让我们离开吧。"

我尊敬的听众，现在，我必须向你们表述我和我的朋友从我们隐蔽的地方清晰且热切偷听这场对话的感受。我曾向你们说过，在那个地点，在那个黄昏时刻，我们准备举行一个纪念活动，你们知道，它涉及的恰恰就是教育问题。按照我们年轻人的信念，我们所要纪念的活动在过去的岁月里给我们带来了丰硕而幸运的收获。因此，我们满怀感激地回忆起我们当初就是在这个地方想出了要建立那样一个小协会，就像我之前所提到的那样，目的是在一个很小的志同道合的小圈子里相互激发和监督我们的活跃的教育
冲动。但是，当我们安静屏息地倾听或偷听那个哲学家的激烈话 719
语时，我们感到突然有一束完全未曾预料的光投射到我们过去所有的岁月之上。就像一个粗心大意走在未知地带的旅行者，突然发现自己的双脚已经站在悬崖边上。并且，我们本想迎接这个巨大危险，而不是逃离它。就在这里，在这个对我们来说具有纪念意

---

① 重复……教育机构！］描述现代国家如何在其困境中抓住了如此急切地献身于她的那些同盟。——编注

义的地方，我们听到了这样的警告：回去！一步也别朝前走！你们不知道你们的脚会把你们带到哪里，这条闪光的道路又会把你们诱向哪里吗？

现在，我们似乎认识到了这一点，因而这种满溢的感激之情如此不可抗拒地把我们引向了我们严肃的警告者和值得信任的埃克特[①]，以至于我们两人同时跳起，去拥抱那位声言要离开的哲学家。哲学家此时正准备离开，甚至已经侧身。当我们迈着响亮的脚步声出其不意地跑向他时，他的狗也尖叫着扑向我们，他和他的同伴以为遇到了强盗的袭击，而没有想到是一个最热烈的拥抱。哲学家显然已经忘记了我和我的朋友的存在。一句话，他迅速跑开了。当我们赶上他时，我们的拥抱完全失败了。我的朋友此时尖叫起来，因为狗咬住了他，哲学家的年轻同伴猛力扑向我，以至于我们两人都摔倒了。于是，出现了一场可怕的人狗混战。这个奇异的场景持续了一会儿，直到我的朋友开口模仿哲学家有力的声音和话语为止。我的朋友喊道："以所有文化和伪文化的名义！你这蠢狗到底想从我们这儿得到什么！该死的，从我们这里，从我们的内脏里滚开，你这未得密传的狗，你这永远不会得到密传的狗，偷偷溜走吧，闭嘴吧，羞愧吧！"

这段话之后，整个场景明朗了一些，明朗到一个森林的漆黑之夜里所能够明朗的程度。哲学家明白了怎么回事，大声说："是你

① 这里的警告者和值得信任的忠诚的埃克特，似乎是在指同一个人。"忠诚的埃克特"是一些英雄传说中的人物。在蒂克（Johann Ludwig Tieck，1773—1853 年）的小说《忠诚的埃克特和汤豪舍》中，埃克特既是一个警告者，又是一个值得信任的白发老者。这个故事也可能是瓦格纳歌剧《汤豪舍》的来源之一。——译注

们！是我们的射手！真是吓坏我们了！是什么让你们在漆黑之夜像这样扑向我们？”

“是欣喜、感激和尊敬，”我们摇着哲学家的手急切地说，那条 720
狗也会意地吠叫着。“不向您表达这一点，我们不想让您走。为了能向您说明这一切，您是否可以不马上离开。我们还有许多问题要向您请教，它们一直以来重压在我们心头！请再待会儿吧，之后我们陪您下山，我们熟悉这里的每一条路。甚至您所等待的客人也许还会来。您看看下面那边的莱茵河。那是什么东西在游动，它如此明亮，像是被许多火把包围？我会在火把中间找到您的朋友，我甚至预感，他将带着所有这些火把向您走来。”

我们就这样用我们的请求、承诺和奇妙的借口来纠缠这位令我们震惊的白发老人，直到那位弟子也劝说他与我们一起在这高山之巅柔和的夜气之中再踱步游走一会儿。“涤除所有的知识烟雾”①，哲学家同伴又补充道。

“真为你们感到惭愧！”哲学家说，“一旦你们想引证什么，就只能引证《浮士德》。不过，不管你们是否引证，我还是准备向你们屈服，只要我们的年轻人能保持安静，而不是像刚才突然到来那样又突然跑开，因为他们像捉摸不定的磷火，一会儿在那儿，一会儿又不在那儿，让人感到惊奇。”我的朋友立即继续引证：

亦畏亦敬，悉遵台命，
我希望我能成功制伏我轻浮的本性，

① 涤除……烟雾］参见歌德：《浮士德》第一部，第 395 行。——编注

因为我平常走路只走锯齿形。[1][2]

哲学家深感惊奇，静静地站着。“你们让我吃惊，”他说，“我的磷火先生们，这里可不是什么沼泽！这个地方对你们又有什么益处？如此接近一个哲学家对你们又意味着什么？这里的空气清朗
721 且凛冽，这里的土地干燥且坚硬。你们必须为你们惯于走锯齿形的本性寻求一块更加梦幻的地方。”

“我想，”哲学家的弟子插话说，“两位先生已经向我们说过，一个承诺把他们与此时此地联系起来。但在我看来，他们作为合唱队，确切地说是作为真正‘理想的观众’，[3][4]也属于我们今晚这个教育戏剧，因为他们没有打扰我们，我们还以为这地方就我们两个人呢。”

“是的，”哲学家说，“确实是这样，你们不应该拒绝这个赞扬，但在我看来，你们还有更值得称赞的地方……”

我这时抓住哲学家的手，对他说道：“如果有人听了您的这样一场对话而不变得严肃深思，甚至热血沸腾，那么他就像是腹贴地面、头埋污泥的爬行动物那样麻木迟钝。也许有些人会因为懊恼和自我埋怨而变得愤怒。但我们的印象却完全不同，只是我们不知道应该如何去描述它。这个时刻对我们来说是如此及时，我们

① 亦畏……锯齿形］歌德：《浮士德》第一部，第3860—3862行。——编注

② 文中尼采的朋友不仅引用《浮士德》，而且还引用了磷火的言辞。——译注

③ “理想的观众”］参见施莱格尔(A. W. Schlege)，参见《悲剧的诞生》第7节。——编注

④ 施莱格尔《关于戏剧艺术和文学的讲座》第五讲中把合唱视为理想的观众。尼采对于观点的讨论，可参见《悲剧的诞生》第七部分。——译注

的心情对此的准备又是如此充分，以至于我们就像个空瓶子坐在那儿。现在，我们似乎已经被这种新智慧所充溢，却也因此不再知道如何帮助自己。如果有人问我，我明天想做什么，或，从现在开始，我会决定去做什么，那么我完全不知道如何回答。因为很明显，我们至今为止是以完全不同的，也就是错误的方式在生活，在教育自己。但是，我们应该做什么，才能跨越今天和明天之间的鸿沟？”

“是的，”我的朋友承认说，“我有类似感觉，也有类似的问题。
但此外，我觉得自己似乎被您关于德国教育怀有如此崇高、如此理
想的任务的看法所吓倒，几乎要逃离它，似乎自己不配参与实现它
的目的。我只看见最有天赋之人所组成的辉煌队列驰向这个目
的，我可以想象在其旅程中，它将穿越怎样的深渊，超越怎样的诱 722
惑。谁有这么勇敢去加入这个队列？”

此时，那个同伴也转向哲学家说道，“如果我有类似的感觉，并当面向您表达出来，请不要生我的气。当与您谈话时，我感觉自己被提携，超越了自己，为您的勇气、希望所鼓舞，直至忘记自己。然而，更加冷静的时刻很快到来，现实的刺骨的寒风使我重新回到现实。我只会看到横亘在我们之间的鸿沟，就像在梦中一样，您自己把我摆渡了过去。您所谓的教育在我周围游荡，[1]或沉重地压在我的心头。它是一副会把我压垮的铠甲，一把我挥舞不动的长剑。”

在与哲学家争论的过程中，我们三个突然意见一致起来，我们

① 说说您把什么作为教育教化的标准。这个。——编注

相互鼓励，相互激发。在这静谧之夜，在柔和的星光下，我们与哲学家在这个我们白天作为射击场的空地上来回缓慢走动，并逐渐对他提出了如下的共同想法：[①]

“您对于天才已谈了许多，谈到他们在世界穿行时的孤独艰难之旅；似乎大自然永远只产生极端的对立：一方是麻木沉睡的、通过本能来繁衍的愚昧大众，另一方则是在更远、更高层面上命定要去成就永恒作品的伟大的沉思着的少数个体。但是，您现在把这些少数个体称为精神金字塔的顶峰，那么，这就是说，从宽阔的、承受重负的地基到最高的自由顶峰之间必然存在着无数的中间阶层，而那句‘自然从不飞跃’[②]的格言正好适用于此。但现在的问
723 题是，您所谓的教育是从何处开始的？被自下而上统治的领域与被自上而下统治的领域之间的分界的软方石[③]又在哪里？如果只从精神金字塔的顶峰来谈论真正的教育，那么为了这些具有最高天赋之人的不可推算的存在，应该如何建立教育机构，应该如何思考教育机构，以使之只对这些被拣选的少数人有利呢？相反，在我们看来，恰恰是这些人能够知道如何找到自己的道路，他们的力量表现在没有其他人所必需的教育拐杖，他们也能行走，因此可以不受干扰地穿越世界历史的压迫和碰撞，就像一个幽灵穿越盛大拥挤的集会。”

---

① 尼采的文本中，这一段与下一段并未分开。——译注

② 拉丁语“natura non facit saltus”，意思是“自然从不飞跃”。参见《作为教育者的叔本华》第五部分，科利版《尼采著作全集》第1卷，第380页第18行。尼采用德语重复了这一原则，但他只在表明一种资格或例外。参见《漂泊者及其影子》，第198节。——译注

③ 软方石是一种可以自由切割但不易碎裂的石头。——译注

我们就这样论证着，没有太多的技巧，也不够系统。[1] 哲学家的年轻同伴则进一步说："现在，请您自己想一想那些我们习惯引以为豪的所有的伟大天才，那些我们习惯视为真正德意志精神纯正的、忠诚的领袖和指路人，那些我们用节日和雕塑来纪念他们，骄傲自信地把他们的作品推荐给国外的伟大的少数人，您所要求的那种教育在哪一点上是为他们而设，他们在何种程度上表现出他们的成长和成熟受到了其祖国的教育阳光的滋养？尽管如此，他们还是可能成为，实际上也确实成为我们今天所景仰之人；是的，他们的作品也许恰恰是在为这些高贵的天性的发展形式作辩护，恰恰是在为我们必须承认的、他们所生活的地区和时代的这样一种教育的缺乏作辩护。莱辛和温克尔曼从他们时代的德国教育中获取了什么益处？一无所获，或，至少与贝多芬、席勒和歌德以及我们伟大的艺术家和诗人所获取的一样少。永远只有后代才能弄清楚前代是凭借什么样的上天礼物而成就其伟大的，这也许是一个自然规律。"[2]

听到这里，白发哲学家怒不可遏，对着他的同伴喊道："噢，你 724
这无知羔羊！噢，你们这些毛头小子！多么笨拙、狭隘、畸形和扭曲的论证啊！唉，的确，我现在正在倾听我们当代教育的成果，我的耳朵重又响起了轰鸣的历史的'自明性'，响起了响亮的、早熟老

① 系统］与其说出于认识不如说出于本能。——编注

② 诗人……自然规律］诗人，还有学者。人们自己注意到没有，与那种上天馈赠繁多而同时教育却如此贫乏的、有天才生活的时代相比较，我们当代在教育需求方面有如何不同寻常的进步？如果我们这个时代也有上天如此的馈赠，那我们该会如何不同地敬重它们啊！——编注

成的、无情的历史学家的理性！注意，你这未被玷污的自然啊：汝已老矣，几千年来，这星空悬于汝顶上，但汝从未听过如此有教养、但本质上是如此恶毒、却深受当代喜爱的话语！因此，我的日耳曼好人，你们为你们的诗人和艺术家而自豪吗？你们指着他们，并在外国面前自我夸耀吗？你们不付出努力而拥有他们，你们便由此得出一个最令人喜爱的理论，即你们未来无须为他们的产生而去作什么努力？他们是自动产生的，是仙鹤送给你们的，我的未谙世事的孩子们，不是这样吗！谁还会再去谈论这些天才的助产婆呢！我的好人们，现在应该给予你们一个严肃的教诲：所有我们曾提到的光辉、高贵的伟大人物，都由于你们，由于你们的野蛮而过早地被窒息、损耗和戕杀，你们是为此而骄傲自豪吗？怎么，你们想到莱辛的时候没有感到羞耻吗？他在与你们的愚昧麻木，你们可笑的神祇和偶像[1]，你们的剧院、学者和神学家的误解和罪恶的斗争中走向毁灭，从未振翅作过一次永恒的飞翔，而他本是为此目的而来到世间的。你们在纪念温克尔曼时又作何感想？为了不想看见你们的荒唐胡闹，他转而求助于耶稣会的帮助。他不光彩的改信要归咎于你们，并将是你们永远不能消除的污点。你们提到席勒的名字不脸红吗？请看看他的肖像！难道那双轻蔑地注视着你们
725 的、炽热发光的眼睛，那死一般潮红的面颊，没有向你们诉说着什么吗？你们本来拥有一个如此美妙非凡的玩具，现在却被你们给打碎了。如果可能，你们还会从席勒的忧郁、匆忙和被追赶赴死的

[1] Klötz 和 Goeze]这里可能是指莱辛反对科勒茨(C. A. Klötz)和格厄策(J. M. Goeze)的争论。——编注

生命中取走歌德对他的友谊，从而会导致他的生命之光更快地熄灭。我们伟大的天才过去从未得到你们的帮助，而你们现在又想基于此提出将来也不为他们提供帮助的理论？但是，直到目前为止，对他们每一个人来说，你们就像歌德在《大钟歌·跋》中所称的那样，是‘麻木世界中的阻抗’[①]；对于他们每一个人来说，你们都是冷漠麻木的愚人、心胸狭隘的嫉妒者和恶毒狡黠的自私者。尽管由于你们的冷漠和阻碍，他们还是创造了伟大的作品，但他们要对抗你们的进攻；由于你们，他们过早地死亡；由于你们，他们在未竟的事业中，在与你们斗争的战场中，变得迟钝、麻木，心力交瘁。[②] 如果这种真正的德意志精神能聚集在一种强有力的保护性的机构之下，那么谁能想象，这些英雄的男子汉们会取得什么样的成绩；但没有这样一种机构的帮助，德意志精神只能孤立无援、破碎不堪、堕落变质地苟行于世。所有这些男子汉都注定被毁灭了。为了逃脱你们在这方面的罪责，你们提出了‘存在即合理’的疯狂信念。而且，还不仅仅是这些伟大的男子汉！在所有的精神领域，都可以发现对你们的控诉。就我所见的有天赋的诗人、哲学家、画家和雕塑家之中，而不仅仅是在那些有最高天赋者之中，到处都可以看到这种半生不熟、过度损耗或过早枯萎，花朵在尚未盛开之前就被烤焦或冻馁，也就是说，到处可以察觉到‘麻木世界中的阻抗’，即你们的罪责。这就是为什么我说我们缺少真正的教育机构，为什么那些自称为教育机构的机构又处于如此可悲的状况。

---

① 歌德：《大钟歌·跋》，第52行。——译注

② 本段中从“怎么，你们想到莱辛……”一直到这里的“心力交瘁”，几乎是《作为忏悔者和作家的大卫·施特劳斯》第四部分中一个段落的重复。——译注

谁若是乐于将我所谓的真正的教育机构称为一种‘理想’，一种‘理想的要求’，甚至通过称赞来敷衍我，使我满足于此，那他就应该获
726 得这样的回应：现实的恰恰就是卑鄙的和可耻的；如果有人在严寒冰冻之际要求温暖，而他人却把这种要求称为‘理想的要求’时，那么他必定会暴跳如雷。我们正在讨论的问题涉及的是易感知的、明晰的、至为紧迫的现实状况。任何感知到这一点的人都知道，这里存在一种像严寒和饥饿那样需要关注的紧迫情况。但是，那些对此毫无感知之人，至少也有一种标准，以衡量我所谓的‘教育’是在什么地方停止的，以确定我所谓的精神金字塔上被自上而下统治的领域和被自下而上统治的领域之间的分界线。”

哲学家的言语显得非常激烈。当他站在我们曾作为射击靶子的树桩附近说完上面这通发言后，我们请求他与我们再一起走走。一时间，我们都沉默不语，缓慢而深思地来回踱着。我们并未因为提出如此愚蠢的观点而感到太多羞愧，因为我们现在感到我们的个性获得了一定程度的复归。就在哲学家激烈的、不讨人喜欢的话语之后，我们感觉与他更近了，甚至感到了一种私人间的亲密关系。

因为人就是这样的可怜，以至于他要迅速拉近与一个陌生人的关系，莫过于让对方觉察一些自己的弱点和缺陷。我们的哲学家被激怒了，说粗话了，这就一定程度上消除了我们一直以来对他的怯生生的敬重。对于那些对这种观察感到义愤之人来说，需要补充的是，这还经常会把遥远的敬重引向个体间的爱意和同情。而且，这种同情，在我们感到我们的个性有所恢复之后，逐渐变得越发强烈。我们为什么要在夜深人静之时还强迫这位白发老人在

树木和岩石间同我们一起走来走去。既然他已经对我们的恳求让步，那我们为什么不找一个更加谦逊、更加温和的形式让自己接受 727
教诲，为什么我们三个必须用这种笨拙的方式来表达我们的异议呢？

我们现在已经注意到，我们的异议是多么欠考虑，多么无准备，多么无经验，其中恰恰回响着这个时代的声音。但这种声音，特别是教育的声音，是这位老人本所不愿意听到的。此外，我们的异议并非完全出于理智的考虑。我们对哲学家之发言的触动以及异议的原因，似乎在别的地方。其原因也许产生于我们本能性的焦虑，因为我们想知道我们自己能否在哲学家的精神金字塔中找到有利的位置。因此，我们也许汇集了所有我们以前借助自己的教育所养成的自负，不惜一切代价地去寻求反对哲学家的那种考察方式的理由，因为按照他的方式，我们对于教育教化的自以为是的要求会遭受彻底的拒绝。但是，人们不应该与像我们这样对论证的合理性有着如此个体性感受的人进行争论，或，就我们的情况而言，其道德规范应该是：这样的对手不应该参与争论，不应该提出异议。

我们在哲学家周围走动着，心怀羞愧、同情以及自责，也更加相信这个白发老人是正确的，我们那样对他是不公正的。我们对我们教育机构的少年梦想，现在离我们多么遥远，我们多么清晰地认识到了我们至今以来侥幸逃脱的危险，也就是说，没有完全把自己出卖给当代的教育机构，因为它在我们进入人文中学开始就大声向我们说着那些引诱的话语！那么，我们怎么就没有加入人文中学的崇奉者的公共合唱中呢？也许这仅仅是因为我们仍是真正

的纯洁的学生，因而仍能够从公众舆论的贪婪的猎取和催逼中，从汹涌不止的风吹浪打中逃脱，躲进我们自己建立的小小的教育孤
728 岛之中。[①] 即使这个孤岛也面临着被时代吞没的危险！

我们满脑子这些想法，正准备向他表达时，哲学家忽然转向我们，更加温和地说："你们言行举止幼稚、轻率鲁莽，我并不感到惊奇。你们过去不太可能严肃地思考过你们从我这儿听说的这个问题，但不要着急，带上它，日夜加以思考。你们现在已站在十字路口，也知道这两条道路将通往何处。如果走上其中的一条道路，你们会受到时代的欢迎，亦将不缺乏花环和勋章，你们的前后左右站满了志同道合者，还有数目庞大的民众与你们同行。如果领导者一声高呼，其回声会在一队队的同行者中回荡。你们在这里的第一个义务就是以队列的形式战斗，第二个义务是消灭那些不愿意加入你们队列之人。但如果走上另一条道路，你们将很少有同行者，而且，道路更加艰难、曲折和险峻。你们在那里艰难跋涉，还会受到那些选取第一条道路之人的嘲笑，他们还会引诱你们投奔他们的阵营。但是，如果两条道路交叉，那么他们就会虐待你们，把你们排挤到一边去，或避开、害怕或孤立你们。

"那么，现在的问题是，对于两条道路上如此不同的行者来说，教育机构又意味着什么呢？对于那些蜂拥至第一条道路追求其目标的数量巨大的民众来说，教育机构就是把其成员培养并纳入到其队列之中，并清除和远离所有使其成员追求更高和更远的目标的一切。当然，我不否认，他们善于用华丽的语言去描述和传播其

① 这里指前文提及的小协会。——译注

目标。例如，他们会谈到‘在坚定的共同的国家信念和人文伦理信念的基础之上的自由人格的全面发展，或，把建立一个基于理性、729
教育和正义的和平的人民主权国家视为其目标。[1]’

“对行走在第二条道路上的更为少数的人来说，教育机构有着完全不同的意义。他们把教育机构视为一个固定的保护组织，借以阻止他们被走第一条道路之人淹没和冲散，阻止他们个体过早地疲惫，或不被分心、腐蚀和毁灭，保护他们不丧失其高贵、高尚的使命。这些个体必须完成其作品，这是他们共同的教育机构的意义和存在理由。而且，其作品必须清除其主观的、自我的痕迹，必须超越时代的瞬时事物的影响，真正反映事物的永恒的不变的本质。因此，所有参与这种机构之人，都应该共同协作，通过这种对主观和自我的涤除，来为天才的诞生及其作品的创作做准备。为数不少的人，甚至包括来自二流和三流天赋之人，注定要做这种辅助工作，而他们只有这样来服务于这种真正的教育机构，才能感到自己在履行自己的生命使命。但现在，由于时髦的现代文化的持续引诱，正是这些较低天赋之人被拖离了其真正轨道，疏离了其本能和本性。这些诱惑瞄准了他们的自私冲动，他们的软弱和虚荣。这个时代精神不停地在他们的耳边唠叨：‘跟我来吧！在那里，你们是仆人、帮手、工具，在更高的天性面前黯然失色，你们特殊的天性从未得到舒心的自由展开，就像奴隶和木偶被绳索牵着，被链条锁着。但是，在我这儿，你们会像主人一样享受你们的自由人格，

① 把建立……其目标］其完全指向其建立伦理和精神自由的世界历史任务的不可避免的必要性。——编注

你们的天赋可以为自己闪耀，你们还可能因此而自己走到我们队伍的前列，无数的追随者将陪伴着你们，公共舆论的掌声会比天才居高临下授予的称赞更让你们舒适得意。'甚至最为优秀的人现在
730 也屈服于这些诱惑。从根本上来看，这里的决定因素几乎不是天赋的高低，也不是一个人是否听到那些引诱的声音，而是一种特定的伦理崇高的高度和程度，是英雄主义和牺牲的本能，最后，还是一种确定的、通过正确教学所引入的、已变成了习惯的对教育教化的需求。正如我曾经说过，这种教育首先就是对天才者训育的顺从和习惯。但是，现在人们称之为'教育机构'的机构对这样一种训育，这样一种习惯，一无所知。当然，我不怀疑，人文中学最初也是这样一种真正的教育机构，至少是其准备机构。我也不怀疑，它在美妙的、深邃的、令人激动的宗教改革时代也确实在正确的道路上迈出了大胆的一步；在其后诞生我们的席勒和歌德的时代，又重新出现了对曾被无耻压制或封存的真正的教育的需要。这就像柏拉图在《费德罗篇》[①]中所说的那双翅膀的第一次振颤。按照柏拉图的理解，在灵魂与美的每一次接触中，这双翅膀就会带着灵魂飞向事物不变的纯粹的原型的王国。"

"我尊敬的、杰出的导师啊，"哲学家的弟子开始说道："在您引用了神圣的柏拉图及其理念世界之后，我不再相信您还生我的气，尽管我之前说的话真该挨您批评，惹您生气。只要您一说话，那对柏拉图的翅膀就在我内部振颤；只要您一暂停说话，我就像我灵魂的战车的御者，艰难地驾驭着柏拉图向我们描述的那匹抗拒的、野

① 参见柏拉图：《费德罗篇》253 d-e。——编注

性的、难以驯服的烈马。按照柏拉图的描述，它身体扭曲粗笨，脖
子僵硬粗短，鼻子扁平，浑身漆黑，眼睛灰色、充满血色，耳朵多毛
且听觉迟钝。它随时准备作奸犯科，难以用鞭子和棍棒加以管束。
因此，请您想一想，我远离您生活了这么久，您所说的所有那些诱 731
惑都曾试图引诱我，也许并非没有一些效果，即使我自己也几乎没
有察觉到。我现在比任何时候都更加强烈地认识到真正的教育机
构的必要性，因为有了它，我们就有可能与少数拥有真正教化之人
自由地生活在一起，接受他们的引导和指引。我现在感到，独行者
是多么危险啊！正如我对您所说的，我幻想我可以通过逃离来避
免直接接触那种时代精神，但发现了这种逃离本身就是一种幻想。
而且，那种时代精神的雾霾就会通过每一次的呼吸，从无数的血管
深深地渗透到我们的身心之中，因此，没有一种独处能足够地孤独
和遥远，从而使我们逃离时代精神的毒雾和黑云的追击。那种文
化的形象会伪装成怀疑、收获、希望和美德，带着万千变化的面具，
在我们头上盘旋，在我们周围蹑足潜行。甚至就在这里，就在您这
样一个真正的教化隐士的近旁，我们仍被时代精神的魔法所引诱。
那支行进在第二条道路上的小队伍该如何坚定而忠诚地看护和捍
卫那种几乎可以被称为教派性的真正的教育啊！他们又该如何相
互加强和相互支持啊！在这里，任何失足该受如何严格的批评，又
该受如何同情性的宽容啊！因此，亲爱的导师，在您如此严厉地批
评我之后，也请您宽容我吧！”

“我的好人，你使用了我并不爱听的语言，”哲学家说，“并让我想起了宗教的秘密结社。我跟这没有关系。但你的柏拉图之马的说法，让我很满意，因此，我打算原谅你。我愿意用我的马换取你

的马。此外，夜已变凉，我已没有兴趣与你们继续在这走下去了。我所等待的朋友如果半夜三更还上山来见我，那他真够愚蠢的了，尽管他曾经答应准时赴约。我在这徒劳地等待我们约定的信号出
732 现，我不知道到底是什么阻碍了他。他是个守时和做事精确的人。我们老一辈都是这样，你们年轻人现在可能觉得这有点过时和迂腐。但他这一次却置我于不顾。真是可气！现在，跟我来！该走了！”

——就在这时，新的情况出现了。——

第五次演讲 733

我尊敬的听众！我向你们讲述了我们的哲学家在深夜寂静中的发人深省的谈话，如果你们也深有同感，那么听到他最后宣布的那个令人气恼的决定，你们的心情肯定会与我们当初听到时一样。你们还记得，他当时突然告诉我们，他想走了。他的朋友背离当初的约定，此外，我们及其弟子在这僻远之地所说的话很少令他振奋，因此，他想尽快结束这场对他无益的深山滞留。这一天对他来说算是浪费了，他会从记忆中抹去这一天，连同被抹去的还有与我们的相识。但我们还不愿离开。这时，一个新情况促使他站住了，他已经抬起的脚也迟疑地放回了地面。

莱茵河方向的一道彩色光芒，连同一声迅速消失的噪音，吸引
了我们的注意。紧接着，我们又听到从远处传来富有旋律的缓慢 734
乐声，许多年轻人的喊叫声应和并加强了这乐声。“这是他的信号，”哲学家喊道，“我的朋友终究还是来了，我没有白等。这真是一次夜半之会。我们怎么让他知道我现在仍在这里呢？来！用你们的枪声告诉他！现在，展示一下你们射击技艺！那边向我们问候的乐声，有着严格的节奏，你们听到了吗？记住这个节奏，用你们爆炸的枪声以同样的节奏回应它！”

这个任务正合我们的趣味和才能。我们尽可能快地装好子

弹，相互协商好后，举枪对着灿烂的星空发射，尖锐的枪声在短暂回响之后逐渐消失在远方。第一枪，第二枪，第三枪，枪声有节奏地划破了静寂的夜空。“节奏错了！”这时哲学家喊道。因为我们的射击节奏突然中断了。就在第三枪之后，一颗流星飞快地划过，我们不由自主地朝着它滑落的方向开了第四枪和第五枪。

“节奏错了！”哲学家叫喊道，“谁让你们朝流星开枪！没有你们的射击它也会自行滑落。一个人在使用武器之前，必须知道他要做什么。”

此时，从莱茵河那边传来的不断重复的旋律，加入了更多、更响的声音。“他们理解我们的意思了，”我的朋友笑着喊道，“这样一个发光的幽灵[1]恰在射程之内，谁能忍住不朝它射击呀？”

“等一下！”哲学家弟子打断了我朋友的说话，“向我们回复信号的那群人可能是谁！我估计其中的人声有20—40个，很有力的男声，这群人从哪里来问候我们？他们好像还没有离开莱茵河对
735 岸。从我们之前坐的那个长凳那边，我们应该能够看见他们。我们赶快去那里！”

我们那时一直在那个地处较高位置的粗大树桩附近上下走动，因此，我们对莱茵河的视野被浓密黑暗的高耸的树丛所遮蔽。相反，就像我之前对你们解释的那样，我们之前离开的、位置较低的休息之地对于莱茵河的视野，要比从这里位置较高的小平地的视野更好，也就是说，在那里，我们的视线可以穿过树梢，恰好可以看到莱茵河，看到处于莱茵河圆弧中心、被其环抱的诺嫩沃特岛。

---

① 这里似乎是指那个坠落的流星。——译注

因此，我们赶紧走向那个休息地，但照顾到年迈的哲学家，也并没有走得太快。夜晚的树林尤为漆黑，难以辨识之前走过的路，我们只得保护着哲学家，深一脚浅一脚地摸索着往下走。

我们刚到达那个有长凳的地方，一大片模糊闪耀的火光就进入我们的视野。显然，这火光来自莱茵河对岸。“是火炬！”我喊道，“完全可以确定，对岸是我波恩大学的同学，您的朋友肯定在他们中间。刚才是他们在唱歌，他们会陪伴您的朋友过来。您看！您听！他们正放下小舟。用不了半个小时，那个火炬队伍就会来到我们上面这儿。”

听到这，哲学家向后退了一步。“您说什么？”他突然喊道，“你的波恩朋友，大学生？我的朋友怎么能跟大学生一道来呢？”

他这个几乎是愤怒的问题也激怒了我们。“您凭什么反感大学生？”我们反驳道，但他没有回答我们。过了一会儿，哲学家才开始说话，语气缓慢且充满抱怨，但不是直接对着我们而似乎是对着远方的某人在说话：“这么说，我的朋友，即使是在半夜，即使在这孤寂的山上，我们也不能独处。你竟然要把一帮捣乱的大学生带到我这儿来。你十分清楚，对于这类天之骄子，我避之唯恐不及。 736
我真不理解你，我远方的朋友。在长时间分别之后，我们特意选择这样一个僻远的角落，这样一个不寻常的时分重逢，总归是要谈论点什么。我们为什么需要一群见证者的合唱，而且是这类见证者呢！今天把我们召唤在一起的绝不是一种多愁善感的柔情的需要。因为我们俩很早就学会了高贵的遗世独处。我们决定在此相会，并不是为了我们自己，不是为了回顾和维持对彼此的柔情，也不是为了展示感人至深的友谊，而是因为在一个值得纪念的时刻，我曾突然遇到在这里庄严独坐的你，因而今天我们就像菲默法庭的骑士[①],想在这里进行最为严肃的相互咨商。可以让那些理解我们的人来旁听,但为什么你要把一帮肯定不理解我们的人带来!我真不理解你,我远方的朋友!”

我们认为打断一位老人如此不满的牢骚话语是不太礼貌的。当他伤感地沉默时,我们仍不敢告诉他,他如此不信任大学生令我们多么恼火。

最后,那位年轻陪伴者转向哲学家,说道:“我的导师,您的话使我想起,在我认识您之前,您曾经执教于若干大学,关于您那时与学生交往以及您的教学方法的流言,至今仍有所传布。从您刚才谈及大学生时的弃绝的语气来看,有人会猜测您有某些特殊的不快经历;但我个人宁可相信,您在大学所看到和经历的与其他人所看和经历的并无不同,所不同的是,您对它们的评判比别人更加严格,也更加公正。因为从与您的交往中我认识到,最值得关注
737 的、最富教益的和最富决定性的经验和经历,就是日常的经验和经历。但恰恰是摆在所有眼睛之前的巨大谜团,只有极为少数的人才把它视为谜团;这些问题就像是躺在马路中央,无数路人的脚从上面踩过但从未被注意,等待着少数真正的哲学家把它们细心地拾起,[②]并从此作为智慧的宝石而光芒灿烂。尊敬的导师,在您的朋友到达这儿之前还有些时间,也许您能给我们说说您对大学的一些认识和经验,从而完成我们不经意间要求您的对我们教育机

① 菲默法庭:一种难以确知其源起但可以追溯到查理曼大帝时期的特殊法庭。这个法庭一般在露天举行,其审判由一种秘密组织举行,其所给予的唯一的惩罚就是死刑,并且是立即执行。菲默法庭在1811年被威斯特法伦特国王废止。——译注

② 但恰恰是……细心地拾起]根据叔本华,参见《作为意志和表象的世界》第二版,第176页;参见《补遗》第1卷,第172页。——编注

构的全面考察。此外，也请您允许我们提醒您，在您今晚早些时候的谈话中，您曾经向我们做过这种许诺。从人文中学出发，您宣称它具有一种异乎寻常的意义：所有其他教育机构必须按照它所表述的教育目的来衡量自己；如果其倾向是错误的，那么所有其他机构也跟着错误。今天，即使是大学也不能再声称自己具有这样的重要性，即运动的中心。就大学今天的形式而言，至少按照一个重要的方面，它不过是对人文中学倾向的扩展。您在讲到这里时曾许诺我们您稍后将详加解释。[①] 我想，我们的大学生朋友可以证实这一点，他们可能偷听到了我们当时的谈话。”

“这个我们可以作证，”我回应道[②]。哲学家转向我们，说道：

① 参见“第二次演讲”的注释。——译注

② 我说。但哲学家不可能认真地倾听我们说话。因此，他对陪伴他即将到来的朋友的同行的大学生群体深感诧异。“你无疑是正确的，”他最后对其同伴说，“这些日常经验是最为重要的，因而也是最需要进行阐释的：但这样一种经验迫使我相信，对于这些使我和我的朋友内心最深处感动的事物，大学生也许是最不合适的听众。因为这些大学生现在只习惯去听他们能够听的，并习惯于对其只能够听的事物进行报复。他们按照自己的习惯，到处背负着听课者的形象，背负着唯一向他们提供的纯粹只能听的教学进行报复的需要。也就是说，他们不仅因此感觉到了他们的人格受到了压制，似乎被公式化，而且感到那些渴求教育、渴求成人的高贵的倾向受到拒斥。这种永恒的不满足感伤害着他们的情绪，折磨着他们，并最终激发他们反对那些他们想借以期望获取职业及个人生计的事物，但却只能听到那种非人性的冷漠和司空见惯的言辞。大学极为信任和尊重这种教学者，因此，在长者同年轻人、教师和学生之间可存在相互促进的和团结的氛围，但这常常是非常罕见的或贫乏的”。“我还不完全理解您”，哲学家的年轻同伴说：“您把大学里那种日常的但却最需要阐释的经验称为什么？——我们的大学生被判定要去听，只被视为听众，而且，除了这种倾听之外，令人忧虑的是，他们缺乏引导，任由自行发展。我们到哪儿去重新找到一种如此令人惊异的机构？可以肯定地认为，阐释了这一事实的人，自己将明白大学作为一个教育机构的意义。从外在来说，人们会在当代怒吼之中，带着相似的感觉，看到大学就像暴风骤雨中的风平浪静的港湾，特别是当灯塔之灯即将熄灭之时。一些年轻人似乎会被超力的大手从党派的挤压中，从对财富的不倦的猎取中，从对公共生活的饥渴着的不满足中解救出来。这个漫游者保持着对古代的城墙的敬畏，按照他的臆测，他觉得城墙包围着和平的处所，相对于野蛮，教育教化在其中逐渐成长。”——编注

"好，如果你们真的认真听了，那么，请你们按照我所说的全部内容，向我描述一下你们所理解的今日人文中学的倾向。此外，你们仍离这个教育领域足够近，因而能够根据你们的经验和感受来评判我的思想。"

我的朋友以他一贯的风格迅速而机敏地回答说："直到现在，
738 我们一直认为，人文中学的唯一目的就是为其学生将来读大学做准备。但是，这种准备应该使我们足够独立自主，从而能够胜任一个大学生的特别自由的学术生活。[1] 因为在我看来，在今日的个体生活中，没有一个领域像大学生活那样，有那么多的事情被留给个人去决定和处置。个体必须在若干年内，能够在一个广泛的、完全给予他的平台上自我指导，因此，人文中学必须尽力使学生独立自主。"

我接着我朋友的话继续我们的论证。"在我看来，"我说道，"甚至您对人文中学所做的、肯定是正确的所有批判，都不过是使如此年轻的学生达到某种自立或至少相信这种独立自主的手段。德语作文的教学应该服务于这种独立自主。个体必须及早欣赏并实现自己的观点和意图，以能够摆脱拐杖，独立行走。因此，要及早地教导他去创作，要更早地督促他去进行尖锐的评判和批判。拉丁语和希腊语的学习即使不足以点燃学生对遥远的古代世界的崇奉之情，但这些学科所运用的方法，却足以唤醒科学意识、对认识的严格的因果关系的兴趣以及对发现和发明的欲望。要了解这

[1] 需要指出的是，当时德国的大学生几乎很少受到限制，拥有极大的自由。显然，尼采并不认可这种自由，因为在他看来，这会导致智力的荒废。——译注

一点,只需想象一下,有多少年轻人在人文中学用其年轻之手捕获到某种不同版本的新奇异文,从而受到科学的魅力的持久诱惑!人文中学的学生必须学习和收集大量的不同信息,并因此有可能逐渐产生一种独立自主的动力。伴随着这种动力,他就会在大学以类似的方式独立地学习和收集。简言之,我们相信,人文中学的目的就是为学生将来独立自主地继续学习和生活做准备,并使之习惯于此,就像他们首先必须在人文中学的规则的逼迫下学会这样生活和学习一样。”

哲学家听后放声大笑,尽管笑得不那么温和。他说:“你们自 739
己正好向我展示了这种独立自主的样本。但正是这种独立自主让我感到害怕,使我在接近当代大学生时总是感到不舒服。是的,我的好人,你们已经长好了,成熟了,大自然把你们放在模子里加以铸造,然后又打碎了模子,[①]你们的教师肯定会深感得意。你们的判断是多么自由、确定和独立!你们的见解多么新奇,多么新鲜!你们端坐在法庭之上——所有时代的所有文化都将从那溜走。你们的科学意识已被点燃,从你们身上蹦出了火花——人们要当心,当心被你们烧死!若是进一步看看你们的教授,我会看到同样的自立,只是独立自主的程度更高,也更加迷人。从来没有一个时代拥有如此多的最令人崇敬的独立自主,人们从来没有如此强烈得痛恨一切的奴性,当然也包括教育、教化和文化的奴性。

“不过,请允许我用教化的尺度来衡量一下你们的这种独立自

---

① 大自然……打碎了模子〕参见鲁多维奇·亚利欧斯多(Ludovico Ariosto,1474—1533年)的《疯狂奥兰多》第10部分第84行(X 84):大自然塑造了他,然后打碎了模子(Natua il fece e poi ruppe lo stampo),在论叔本华中多次引用。——编注

主，考察一下只作为教育机构的你们的大学。如果一个外国人想了解我们大学的教育情况，他首先会着重问：‘大学生是怎样与大学联系起来的？’我们会回答，‘作为听众，通过耳朵。’他①会很吃惊。他会再次问：‘只通过耳朵？’我们会再次回答：‘只通过耳朵！’对于教学，大学生是在听，但如果他说，他看，他社交，他从事艺术，简言之，如果他生活，他是独立的，也就是说，不依赖教育机构。而且，大学生在听课时还常常会记录。这是他依赖于大学的脐带的时刻。他可以选择听什么，也无须相信他所听到的；当他不想听时，可以堵住耳朵。这就是‘讲授教学法’。②

“但教师是对那些倾听的学生讲话。而他怎么想、怎么做，都
740 与学生的感知之间存在着巨大的鸿沟。教授讲课时，常常是朗读。一般情况下，他希望有尽可能多这样的听众。在不得已的情况下，他也不满足于少数听众，而且，从不满足于只有一个听众。一张朗读的嘴，数量众多的耳朵，以及与耳朵相比减半的写字的手——这就是大学这个学术机构的外观。这就是运转着的大学教育机器。此外，嘴的主人与许多耳朵的主人之间是分离的、独立的。这种双重的独立性被热情地崇奉为‘学术自由’。而且，为了进一步提高这种自由，一方大致可以说其欲说，另一方大致可以听其欲听。只是在这两个群体背后的不远处站着神情专注的、监视着的国家。国家不时地提醒这两拨人，自己才是这套奇特的听说程序的目标、目的和全部。

---

① 他］作为教育机构的大学通过什么起作用？正是通过耳朵。——编注

② “Akroamatisch”意思是“只与听有关”，在古希腊，这个词与口头秘传传统有关。——译注

"我们只被允许把这种奇特的现象视为一种教育机构,并告诉询问大学教育情况的外国人说,在我们大学称之为教育的东西,就是从嘴到耳;就像前面所说的那样,所有为了教化的教育不过是'讲授教学'。但是,既然一方面听和听什么都留给学术上无偏见的、精神自由的学生来自主决定,另一方面他也可以否定其全部所听的可信性和权威,那么,所有为了教化的教育,在其严格的意义上又落到了学生自己身上。这种在人文中学被视为追求目标的独立自主,现在被无比自豪地打扮成'迈向教化的学术上的自我教育',并以其无比华丽的羽毛而炫耀于世。

"年轻人拥有足够的智慧和教化从而能够自己引导自己行走了,多么幸福的时代!我们这个时代无与伦比的人文中学竟然成功地培植出了独立自主,但其他时代的人们却认为必须培养依赖、纪律和服从,必须打击所有形式的自以为是的独立妄想!我的好 741
人,对我为什么喜欢从教化的角度出发而把今天的大学视为人文中学的扩展,你们搞清楚了吗?人文中学所传递的教育作为某种完整的和完成的东西,带着其苛刻的要求通过了大学之门:由人文中学提出苛求,由人文中学颁布律令,由人文中学进行裁判。因此,你们不要受这些受过人文中学教育的大学生的欺骗。就他相信自己吸收了教育之惠而言,他永远仍然是受其教师之手所塑造的人文中学的学生。因此,自从与他的教师的学术分离之后,自从他离开人文中学之后,他就被完全剥夺了所有的继续的塑造和迈向真正教化的引导,以从现在开始独立自主地生活,成为自由之人。

"自由!检验这个自由吧,你们这些人性的观察者!这种自由的大厦是建立在今日人文中学的细碎的沙土之上，风暴一吹，就会倾斜飘摇。你们仔细看看这个自由的大学生，这个迈向独立自主的教育的使者：预测一下他的本能是什么，从他的需要来探讨他！如果你们懂得从三个循序的标准来考察他，那么你们就会知道他的教育到底如何。也就是，首先从他对哲学的需要，然后从对艺术的本能，最后从作为所有文化的活的绝对命令的古希腊罗马文化，来考察他的教育。

“人是如此被最严肃的、最困难的问题所包围，以至于只要他以恰当的方式引导去注意这些问题，他就会及时地产生一种永恒的哲学惊异，而且，唯有在这种惊异的基础之上，就像是在沃土之上，才会生长出深刻而高贵的教化。最常把他引向这些问题的是他自己的经验。特别是在其风暴激荡的青少年时代，他的几乎每一不寻常的个人事件都反映在一种双重的光辉之中：一方面作为日常生活的例证，另一方面作为一种永远令人惊奇、因而值得阐释的问题的例证。在这样的年龄，人会看到自己的经验被一种形而
742 上学的彩虹围绕着。他这时最需要一双引导他的手，因为他突然地、几乎是本能地相信人的存在的模糊性和多义性，并丧失了迄今为止所持信念的坚定支持。

“这种符合自然的最高需要的状态，自然会被视为当代所崇奉的独立性的最恶劣的敌人。按照今天的时代精神，受过教育的年轻人应该培养这种独立性。因此，所有已进入时代的不言自明的怀抱之中的人，都会不遗余力地压制青少年这类合乎自然的哲学冲动，试图使之扭曲、瘫痪、转向或枯萎。其最爱使用的方法就是

所谓的‘历史教化’。[1] 一个最近在世界上恶名远播的哲学体系[2]居然还找出了这种使哲学自我毁灭的公式。现在，凡是对事物进行历史考察的地方，我们都可以看到这样一种变‘非理性’为‘理性’、颠倒黑白的天真幼稚的鲁莽。人们经常倾向于拙劣地模仿黑格尔的那个命题，喜欢问：‘不合理的才是现实的吗？’唉，今天，恰恰是不理性的才似乎是‘真实的’，也就是，起作用的。这种用现实来阐释历史的方式，被认为是真正的‘历史教化’。我们年轻人的哲学冲动就这样蜕变为了历史教化，我们大学的奇特的哲学课似乎在密谋加强和肯定年轻人在历史教化方面的学术倾向。

“因此，一种对永恒发生的问题的深刻阐释逐渐被一种历史的，甚至是古典语文学的考量和质疑所代替，如，这个或那个哲学家思考过什么或没有思考过什么；这篇或那篇文字是否合理地归于某人；这篇或那篇异文是否应该受到优先重视。现在，在我们大学的哲学讨论课上，我们的大学生被鼓励像这样中立地探讨哲学。743
这就是为什么长期以来我习惯把今天的哲学视为古典语文学的单纯分支，也习惯于根据他们是否为好的古典语文学者来评价他们的代表人物。因此，**哲学本身**无疑已被逐出大学。这就是我们对大学的教育价值的第一个问题的回答。

“大学与**艺术**处于什么关系，我们完全可以毫无愧色地加以否

① 这里的“历史教化”(historische Bildung)，亦可翻译为“历史教育”，是指对一切学科都采取历史的方法，强调其历史性的素养和探究能力。尼采在1874年发表的《论历史对于生命的利弊》亦即《不合时宜的考察》第二部中，对这个问题有更为详细的批判。——译注

② 这里指黑格尔的哲学体系，尤其指其“存在的就是合理的”的论述。——译注

认，因为它们之间根本没有关系。我们在大学里根本找不到一丝艺术思考、艺术学习、艺术追求和艺术比较的痕迹。这里也没有人认真地思考过大学在促进民族最重要的艺术规划方面的角色和作为。我这里考虑的根本不是大学是否偶然有某教师感到自己有艺术才能，是否设置审美方面的文学史教席，而是大学作为整体不能给予大学生们严格的艺术训练和训育，在这方面对他们完全放任自流，毫无作为。我们从中可以看出一种对大学自封为最高的教育机构的狂妄要求的断然驳斥。

“我们大学生的学术‘独立’就这样在没有哲学、没有艺术的条件下生存，那么，他怎么可能又有与古希腊、古罗马为伍的需要呢？现在，没有人再需要去伪装尊崇古希腊和古罗马，此外，古希腊和古罗马也端坐在难以企及的孤独和崇高的疏离之中。因此，我们当代大学绝不再关注这样一种几乎完全灭绝的古代世界的教育倾向，而是建立起自己的古典语文学教席，以培养新的排他性的古典语文学者，后者成为教师后又在人文中学去培养学生类似的古典语文学的准备性。这样一种恶性循环对古典语文学者和人文中学
744 都没有好处，但更主要的是对大学傲慢地自诩为教育机构的第三方面的控诉。撤除对古希腊、哲学和艺术的需要，没有这些梯子，你们怎么向上攀爬到真正的教育教化之巅呢？因为如果你们没有这些帮助的梯子就试图去向上攀求真正的教育，那么，请允许我告诉你们，你们的学术和博学与其说是给你们插上双翅，引导你们上升，还不如说是压在你们肩上的沉重负担。

“如果你们，你们这些诚实的人，现在能够诚实地立足于我所探讨的三个循序的精神阶段，那么你们就会认识到，与希腊人相

比,现在的大学生对于哲学是不适合的、没有准备的;没有真正的艺术本能;是自命自由的野蛮人。不过,你们不会因此厌恶地避之唯恐不及,尽管也许会不愿与之太近接触。因为他成为今天这个样子,**他是无辜的**,不应受到责备。正如你们所认识的那样,他是那些应该受到责备之人的无声却可怕的控诉者。

“如果你们必须理解这个有罪的无辜者对自己所说的秘密语言,那么,你们也就学会了理解那个向外炫耀的独立自主的内在本质。在这些高贵的天赋优良的年轻人中,无人能远离和摆脱那个使人疲惫、困惑和衰弱的永无喘息之机的教育需要。在这样一个时代,他似乎是充斥着官员和仆人的现实中的唯一的自由人,但他为其伟大的自由幻象付出了层出不穷的烦恼和怀疑。他感到自己没有能力引导自己,没有能力帮助自己,于是便绝望地埋头于日常生活和劳作的世界里,以避开这样的感觉。因此,他为**最琐碎、最平庸**的事务所包围着,四肢疲惫无力。突然,他再次振作起来,仍感受到其内部那股使他向上的力量并未衰退。高傲和高贵的决心在其心中形成和生长。他担心自己过早地沉入到狭小的专业领域,因而试图抓住急流沿途中的任何支撑之物,从而避免不被卷 745
走。但一切徒然!这些支撑物避开了,他没有抓住它们,只抓住了易折的芦苇。在低落而无所慰藉的情绪中,他看见自己的计划烟消云散了。他的状况没有尊严,令人可怖。他不断奔走于过于紧张的事务和抑郁虚弱的状态之间。他疲倦了,懒惰了,害怕工作,惧怕一切伟大的事物,他恨他自己。他内视自己,分析、分解自己的能力,他认为他看见了贫乏的、混乱的空虚。于是,他再次从想象的自我认识的高度跌落到一种讥讽性的怀疑之中。他解除了他的奋斗的重要性，感到自己会乐于从事任何有用的工作，而不管这个工作是如何卑贱。他现在是在匆忙不停的行动中寻求他的慰藉，把自己在其中隐藏起来。因此，他的茫然失措以及缺乏引导他迈向教化的领导者，驱使着他从一种生活方式奔走到另一种生活方式。但是，怀疑、振奋、生存困境、希望、绝望等把他抛来抛去的一切，都证明了其顶上指导其航船的所有星辰均已坠落。

“这就是那个著名的独立自主的图景，那个反映在具有最高的、真正的教育需要的灵魂里的学术自由的图景。当然，这里所考察的不是与之对立的粗糙的、无所用心的灵魂，这种灵魂深以你们那种野蛮意义上的自由为乐。此类低级灵魂的低级享乐及其过早的狭隘的专业局限表明，这种独立性及学术自由对于他们恰恰是合适的。对此，我们无须多言。但是，他们的惬意无法抵偿一个拥有高贵灵魂的年轻人所遭受的苦痛：他有一种文化倾向但缺乏引导，最终在不满和烦闷中解除诸种绳索约束，放荡不羁，追求自由，并开始蔑视自己，但他是个没有罪责的无辜者。因为我们可以去追问，是谁让他背负不可承受的独自站立的重负？他在这样一个
746 年龄，听从伟大导师的引导，最为热切地追随大师的脚印，是其最自然、最切近的需要，那么是谁在激励他寻求独立自主呢？

“认真思考一下这种强力压制如此高贵的教育需要所必然引起的后果，真是令人恐怖。谁若近处用尖锐的目光审视那些我所深恶痛绝的当代伪文化的最危险的促进者和支持者，便会发现他们大多是这种堕落的、被毁灭的教化寻求者，其内在的绝望促使他们对真正的文化持有最富敌意的恼怒，因为在他们绝望的时刻，没

有人指导他们如何获得文化和教化。我们再次发现,那些作为新闻记者和报刊写手之人在类似的绝望中,并不是最有敌意和最低劣的;是的,现在某些过于雕琢的文学种类的精神,似乎恰恰带有堕落大学生的特性。例如,还有其他方式来理解那一度闻名的'青年德意志'①与其今天被繁盛模仿的堕落的后继者之间的关系吗!这里我们会发现一种似乎是变得野蛮的教育需要。这种需要变得难以制伏,最后竟爆发为一种呐喊:我就是文化!在那里,这一被逐出这些机构、现在却以统治者自居的文化,徘徊在德国人文中学和大学的门前,但它已毫无这些机构的博学和学术,以至于如小说家古茨科夫被理解为人文中学时髦的文学青年的最好样板。

"这样一种堕落的教化寻求者是桩严重的事件。令人恐惧的是,我们观察到我们整个学术界和新闻界都打着这种堕落的标记。如果这些堕落的学者不倦地关注,甚至参与新闻界对民众的引诱和败坏,我们还有什么别的方式来公正对待我们的学者吗!也就是说,我们只能认为,学者的全部学术对于学者的意义,类似于小说的创作对于小说家的意义:对自我的逃避;对教化冲动的禁欲性 747
的灭除;对个体的绝望的毁灭。从我们堕落的文学艺术中,从我们学者的极度膨胀的图书写作狂中,流出的是同样的叹息:哎,我们

① 青年德意志:一般被认为是存在于1830—1850年的一个联系密切、组织良好甚至带有阴谋的创作运动,但实际情况可能并非如此。其代表人物有古茨科夫(Karl Gutzkow)、海涅(Heinrich Heine)和温巴尔格(Ludolf Wienbarg)等,他们反对政治专制和宗教愚昧,倡导政治自由、政治改革、宗教宽容、妇女解放和政教分离,等等。其中有些人更为激进,更具有革命性,因而在1835年,这个运动受到政府镇压,许多人的作品受到禁止。——译注

能够忘记自我！但这办不到。堆积如山的印刷品也无法窒息的记忆，仍会不时地重复着说：‘一个堕落的教化追求者！为教化而生，却被教育成非教化！无助的野蛮人，时代的奴隶，为瞬时的锁链所缚者，饥渴者，永恒的饥渴者！’

“哦，这些悲惨的负有责任的无辜者！因为他们缺乏一种必须为他们每一个人提供帮助的东西，即一种真正的教育机构，从而能够为他们提供目标、导师、方法、榜样和同志，而且，从这种机构内部，真正的德意志精神的那种使人有力、令人振奋的气息就会灌注到他们身上。因此，没有这种机构的支持，他们就会枯萎在荒野之中，并堕落为那个根本上与他们内在结盟的精神的敌人；他们累积罪行，使其罪行高于任何前代；他们玷污洁净，亵渎神圣，崇奉虚假。你们借此就可以清楚我们大学的教育力量，你们也可以严肃自问：你们通过大学来促进什么？促进德意志的博学、德意志创造精神、德意志高贵的认识冲动、德意志的勤奋和自我牺牲以及诸如此类其他民族所嫉妒的美好辉煌的事物；是的，如果那个真正的德意志精神就像孕育着希望和祝福的闪着电光的乌云一样，在你们所有人顶上飘荡，那么，你们就是在促进这些世界上最美好、最辉煌的事物。但是，你们惧怕这种精神，因此，另一种沉重而压抑的阴霾聚集在你们大学的上空，在此情形之下，你们中一些高贵的年轻人艰难地、如窒息般地呼吸，最优秀的人则走向了毁灭。

748 “为了驱散这种阴霾，把人们的视野引向德意志精神的云端，本世纪曾经有过一种悲怆的、富有教益的严肃尝试。我们在大学的历史上找不到第二次类似的尝试。谁若是想令人印象深刻地展示我们现在所必须做的事情，那么他将不会找到一个更好的例子。我指的是过去的早期‘兄弟会’①。

“年轻人从战场中带回了这个出乎意料的最珍贵的战利品，即祖国的自由。头顶着这个花环的他们，还自负地想到了某种更为高贵的事物。他一回到大学就感到呼吸沉重，感到大学教育上空的气息沉闷、压抑且腐朽。② 他突然瞪大眼睛惊异地看到，在所有种类的学术的伪装之下隐藏着的是非德意志的野蛮；他突然发现他的同学缺乏导师引导，被放任耽于令人厌恶的年轻人的享乐和沉醉之中。他深为愤怒。他带着类似席勒当初在他的学生面前慷慨朗读《强盗》③剧作时可能有的最高傲的义愤表情，起而反抗；而且，如果席勒用一幅狮子图像和‘向暴君开战’的箴言作为他这部剧作的扉页内容，那么他的那些青年追随者本身就是那准备跃起战斗的狮子，而一切‘暴君’真的会开始发抖。是的，对于那些胆怯、肤浅的目光而言，这些义愤的年轻人无异于席勒剧作中的强盗：他们的怒吼对于恐惧的耳朵而言，无异于斯巴达和罗马变成了

① 兄弟会(Burschenschaft)是一个源于抵抗拿破仑的解放战争的学生运动。第一个兄弟会建立于1815年的耶拿，类似的学生组织很快就在其他大学成立。兄弟会反对反动的政府政策，争取德国统一。在其一个成员刺杀考茨布(August von Kotzebue)之后，兄弟会在1819年受到禁止。结果，兄弟会变成一个秘密组织，并更加激进，甚至在1832年进攻法兰克福警察总部。但19世纪下半期，兄弟会的性质有所变化，日益变成一个带有民族主义和反犹性质的社会团体。——译注

② 这里的表述类似席勒《强盗》中卡尔的一些发言，参见《强盗》第二场第一幕。——译注

③ 《强盗》是席勒的第一个剧作，最初出版于1781年。尼采所提的版本是1782年的修订的第二版，也就是通常所指的“狮子版本”。这个版本的“向暴君开战”的箴言上有个凶猛的狮子图像。——译注

女修道院。[1] 对这些愤而反抗的年轻人的恐惧，要比那些‘强盗’不止一次在宫廷里所引起的恐惧更加普遍，更加深远，以至于按照歌德的说法，一位德国王侯将会表达这样的观点：‘如果他是上帝，并且预见到了这些强盗的出现，那么他就不会去创造这个世界了。’[2]

“如此令人费解的强烈恐惧从哪里产生的呢？因为这些愤而
749 反抗的年轻人在其同学中最勇敢、最有天赋也最纯洁；他们仪容举止大气爽朗，高贵单纯；最为神圣的律令把他们相互联系起来，以寻求更加严格、更加虔敬的卓越。那么，人们恐惧他们什么呢？这种恐惧在何种程度上是自欺、伪装抑或对正义的真正认识，也许永远搞不清楚，但在对他们的恐惧中，在对他们的荒唐无耻的迫害中，有一种强烈的本能在说话。这种本能对‘兄弟会’的刻骨仇恨源于两种原因：首先是因为这个组织本身，因为这个组织第一次尝试建立一种真正的教育机构；其次在于这个教育机构的精神，那种严肃、沉着、坚毅和勇敢的富有男子汉气概的德意志精神。它源自宗教改革以来被健康保存下来的矿工之子路德的精神。

“现在请思考一下‘兄弟会’的**命运**。如果我问你们：连德国的王侯们也似乎在他们对德意志精神的仇恨中理解了它，那么，当时的德意志大学理解它了吗？德意志大学勇敢而坚定地用它双臂翼护其最高贵的儿子，并说出‘你们必须先杀死我，然后才可以去碰

---

① 在《强盗》第一场，第二幕，卡尔在讲话中认可这些不满的年轻人的领导，并承诺：“我将把德国变成一个共和国，使罗马和斯巴达看起来像女修道院。”——译注

② 参见歌德：《与艾克曼的谈话》，周三，1827 年 1 月 17 日，但歌德并不认同趣闻中王子的观点。——译注

我的孩子'这样的话吗？我期待你们的回答。你们可以借助你们的回答来判断德意志大学是否为真正的德意志教育机构。

"那时的大学生就已预见到，一个真正的教育机构必须扎根多深，也就是必须多深地扎根于一种纯粹伦理力量的内在革新与振作之中。而且，为了学生的荣誉和名声，这一点必须永远向他们不断重复。他在战场也许学会了他在'学术自由'领域内绝对学不到的东西：人需要伟大的引导者；一切教育都开始于顺从。在战场上的胜利欢呼之时，在对其解放了的祖国的深思之时，他发誓要做德意志人。德意志人！现在，他学会了理解他的塔西佗[1]，现在，他
理解了康德的绝对命令，现在，他开始痴迷和陶醉于冯·韦伯的 750
《琴与剑》[2]的旋律。哲学、艺术甚至古代世界的大门突然向他打开。在一次最值得纪念的流血行动中，也就是，在对考茨布[3]的谋杀中，他用其深刻的本能和狂热的短视为其独一无二的席勒报了仇。席勒在与这个麻木的世界的对抗中被过早地吞噬。席勒本来可以做他的引路人、导师和组织者，而现在只能对他满怀悲愤地加以悼念了。

"这就是那些充满预感的大学生的厄运：他们找不到他们需要

① 塔西佗出现在日耳曼精神的名单上，比较难以理解。也许是因为他的《日耳曼尼亚志》。——译注

② 冯·韦伯(Karl Maria von Weber，1786—1826 年)：作曲家和指挥家。其爱国主义的套曲《琴与剑》(*die Leier-und Schwertweise*)基于一系列关于战争英雄科尔纳(Carl Theodor Körner)的诗歌。科尔纳是个诗人和战士，死于对抗拿破仑的解放战争。——译注

③ 考茨布(Kotzebue，1761—1819 年)：通俗作家，创作了二百三十多部戏剧，被兄弟会的激进成员桑德(Karl Ludwig Sand)刺杀于办公室之中。参见《善恶的彼岸》，第 244 节。——译注

的引路人和导师。他们自己逐渐变得不确定，意见不一，相互不满；不幸的轻率之举，很快就暴露了他们中间缺乏能够运筹全局的天才。那个不可思议的谋杀除了显示了一种可怕的力量，也显示了缺乏引路人的巨大危险。他们如此毫无引导，必将因此而毁灭。

“我的朋友们，我这里想做些重复！所有的教育开始于人们现在欢呼为学术自由的相反的东西，开始于顺从、服从、纪律、臣属和奴役般的服务精神。就像伟大的引导者需要被引导者一样，被引导者也需要引导者：这里主导的是一种相互倾慕的精神等级秩序，也就是一种前定和谐①。这一万物带着其自然的重心所奋力趋向的永恒秩序，恰恰受到了与之背道而驰，但现在却端坐在当代宝座之上的伪文化的干扰和毁灭。它要么企图把引导者贬低为**它的**仆役，要么使之备受折磨；当被引导者寻求他们被前定的引导者时，它就伏击他们，用其麻醉剂的烟雾来引诱和抑制他们寻求着的本能。但尽管如此，如果命定相遇的双方，也就是引导者和被引导者经过艰苦斗争，带着累累伤痕相聚之时，他们内心会燃起深刻的喜
751 悦之情，就像一个永恒奏响着的竖琴的回声。那种喜悦之情，我只能借助比喻让你们来领悟。

“你们是否曾在某次音乐排练中，留心观察过通常构成德国乐团的那些奇怪、干瘦的好人？我们看到的是任性的‘形式’女神的

① 前定和谐：莱布尼兹的一个重要哲学观念，他有时自称其哲学体系为“前定和谐系统”。莱布尼兹认为，不同物质如身心之间表面上相互影响，但实际上并非如此，而是从一开始就各自遵循自身的规律，但又自然地相互保持这一种前定的和谐，犹如一个乐队的每一乐师各自演奏作曲家事先为之谱就的旋律，而全乐队就奏出和谐的交响曲。——译注

无常变化！看到的是怎样的鼻子和耳朵，怎样笨拙或干瘦的肢体动作！这里请你们想象一下，假设你们是聋子，从未想到声音和音乐的存在，并且把乐队演奏过程视为纯粹造型艺术来欣赏，那么，由于没有声音的理想化效果的干扰，你们就会看不够这一出中世纪的粗俗木刻手法的滑稽剧，你们就会看到这出对智人的无害滑稽模仿。

“现在，请想象你们的音乐感重新回归了，你们的耳朵重新打开了，请想象在乐队的高处有一位可敬的打节拍的指挥以毫无精神和沉闷的方式在行使着自己的责任：刚才那无声的滑稽一幕不复存在了；你们在倾听——但是，沉闷无聊的精神似乎从那位可敬的指挥那里流向他的整个乐队。现在，你们只能看到昏睡倦怠和软弱无力；现在，你们只能听到不准的节奏、平庸的旋律和陈腐的感受。这个乐队在你们看来，就是一帮冷漠阴郁或完全令人讨厌恶心的乌合之众。

“但是，请你们插上想象的翅膀大胆设想，终于有一个天才，一个真正的天才来到乐队中间——你们会立即注意到某种难以置信的东西。这个天才似乎以其闪电般的精神变化，进入到所有这些机械的、没有精神的半兽的肉体之中，似乎从他们所有人中只有一只魔法之眼向外张望。但现在你们在倾听，在观看——但你们再也听不够了！如果你们现在去观察这个或豪迈激昂或低回倾诉的乐队，如果你们注意到每块肌肉迅速灵活地绷紧和每个姿势的节
律的必然，那么你们也会共情性地感受到什么是引导者和被引导 752
者之间的前定和谐，感受到在精神的等级中，每个事物如何迫使我们去建立这样类似的组织。不过，我的比喻是为了让你们领悟到

我所理解的真正的教育机构是什么，领悟到为什么我在当代，甚至在当代大学中，根本没有再发现这样一个真正的教育机构。”

尼采手稿与笔记简写表①

D4	巴塞尔时期遗著原稿。《论我们教育机构的未来》。
Mp XII 2 b	散页文件夹。《关于我们教育机构之未来的思考》的准备稿,1871—1872 年冬季。科利版第 7 卷:18。

① 据科利版《尼采著作全集》第 14 卷第 21—35 页的总简写表,此处仅列出本书编注中出现的尼采手稿和笔记缩写。——译注

译者后记

《论我们教育机构的未来》由尼采 1872 年在巴塞尔所做的关于公共教育问题的五次公开演讲及两个前言构成，本应是他继《悲剧的诞生》之后的第二部书。在发表第五次演讲的前一天，尼采写信给出版商弗利施(Ernst Fritzsch)，拟把计划中的六次系列演讲作为自己的第二部书，出版商也认可了他的提议。但几周以后，尼采又写信给出版商，声称自己要"花上几年时间"再对文稿进行修改，"使之更好一些"。尼采认为，"这些内容不够深入"，引起了读者的"干渴"，最后却没有提供"甘泉"。但这可能不是尼采的初衷。计划中但没有进行的第六或第七次演讲，也许会提供"甘泉"。

尼采后来并未履行承诺去完善自己的教育报告。《论我们教育机构的未来》的纲要在 1893/1894 年出版，但严格说来仍然属于尼采遗稿。在最近几十年尼采教育学的国际讨论中，《论我们教育机构的未来》被视为尼采最重要的教育文献。它延续了《悲剧的诞生》的文化批判，把这种批判聚焦于教育，并由此形成了早期尼采关于自然、文化、天才、国家与教育之间关系的神秘学说，强调教育的最高任务在于孕育天才，但德国当时的教育机构又迫使天才从教育机构中离开。

一

尼采在自己的演讲中并未直接说出自己的观点，而是宣称他太年轻，没有经验，也没有智慧去谈论教育改革这个主题，因而只能重述他和他的朋友曾经碰巧偷听来的一场对话。

对话发生在夏末的夜半时分，莱茵河边远离尘嚣的、充满神话传说的高山密林之中。对话带有强烈的戏剧色彩，剧中有白发哲学家及其曾是中学教师的年轻弟子，两个渴求成长的理想主义的偷听者，一个被等待的老朋友，一条狗；剧情中有射击、尖叫、拥抱、狗咬、流星，有点燃火炬的队伍，有轻柔的自然的音乐，也有黄钟大吕般的慷慨陈词和最为深沉的忧虑。

在这神秘的场景中，白发哲学家通过其弟子之口指出，真正的教育只存在于少数天才之中；真正的教育机构应该为这些极少数的天才而设。这是一个不能公开的自然的秘密，否则，就没有那么多人去接受和追求教育了。这种观点来自于尼采对古希腊的另种解读，也体现了早期尼采典型的自然目的论的观念。

与温克尔曼、歌德和席勒不同，尼采认为希腊文化的伟大不在于他们所发现的“高贵的单纯和静穆的伟大”，而是在于充满嫉妒、暴力、野蛮和竞争的古风时期的文化。尼采从古风时期的希腊文化中，揭示出某种关于自然、天才、文化、国家和教育之间关系的秘密学说。这在《悲剧的诞生》中已有端倪，在《不合时宜的考察》中有所发展，但更为简明地体现在《希腊国家》和《荷马世界中的竞争》这两篇小文章之中。

尼采声称,自然通过产生天才来表现和观照自己;天才的使命是创作永恒的作品;永恒的作品构成了真正的文化;国家和教育机构的作用在于养育天才并保护天才完成自己的使命。因此,天才的任务就是能够让自然通过自己去表达自己,去创作能够支撑自己和人类的伟大作品。他们的作品像是生命的必要幻象引导着芸芸众生,像是遮蔽太阳直射的云层呵护着脆弱的生命。没有伟大作品的呵护,生命就无法抵御人生虚无的本相的侵袭,就会枯萎,无法存在。

现代国家把苏格拉底的平等原则作为政治理想灌输到社会中去,并表达为“无限制的乐观主义”“相信所有尘世的幸福”。共产主义者和社会主义者以及他们更加蜕化的后代,还有每个时代的“自由党”的白人种族,并不尊重希腊天才的古典艺术,[①]而是赞赏人的尊严、劳动的尊严这类幻象,并刺激奴隶去做出关于自身和自身之外的思索,用知识树的果实毁掉了奴隶本来的纯洁状态。

尼采在《希腊国家》赞颂了柏拉图关于国家和天才之间的秘密学说,强调国家的存在就是为了孕育和保存天才。“国家存在的固有目的就是天才的奥林匹克式的存在及其不断的重新的产生和准备。”[②]尼采认为,希腊国家并不存在现代社会所谓的人的尊严和劳动的尊严,而只有作为天才手段的尊严。每个人及其全部活动,只有在他有意无意地充当天才工具之时,才有尊严。

尼采对希腊文化的阐释带有某种达尔文主义色彩。不过,相

① KSA. 1. S. 767.

② KSA. 1. S. 776.

比之下，尼采尽管也同意自然进化的意图，但他对于这种意图的理解带有更为明显的目的论色彩，而且他不太强调环境的重要性，而是强调天才的作用。

二

按照尼采的理解，自然在于生产天才，天才的使命在于创造真正的文化，国家是天才的工具。因此，教育和教育机构的目的在于养育极为少数的天才。但德国的教育机构，特别是德国人文中学正遭受着深刻的危机。一种尽可能扩展教育的力量和一种尽可能削弱教育的力量，正在导致人文中学放弃沃尔夫(F. A. Wolf)和洪堡所确立的高贵使命，背离了聚焦古典课程和人性教化(Humanitätsbildung)的理想，而去追求外在于教育的目的。

这种危机鲜明地体现在德国的教育机构如人文中学和大学之中。在尼采看来，德国的人文中学和大学不再是为了文化而教育，放弃了曾经是少数天才孕育之所的古典教化，并转而去培养律师、技术专家和政府官员，敌视真正的教育、真正的文化，从而沦为一种追求平等、功利、学术、个性和自由的教育机构。

按照尼采的理解，德国教育机构应该遵从自然的秘密，去养育极少数智力优异之人，使之能够完成其命定要完成的伟大作品。《论我们教育机构的未来》所追求的真正的教育是一种属于天才、为了天才的教育。

在尼采看来，真正的为了少数人的教育，恰恰是一种最为严格的教育。而德国当时的教育太过自由，没有把学生置于天才导师的严酷的王权之下，因而需要一种铁锤的教育，使之迈向教化之路。所有的教育都开始于顺从、服从、纪律和臣服。因为这里存在着一种自然的精神的等级秩序。

按照这个秩序原则建立起来的教育机构，才是真正的教育机构，即教化机构，一种为了少数天才的教化的机构。但尼采所言的天才，生活在众人或民族中间，因此，我们必须教育所有儿童，这不是为了他们自己，而是为了少数天才。那些不能跟上步伐的儿童，会在追求教育的过程中掉落下来，从而会自然形成一种精神的金字塔。

尼采坚定地认为，当时号称的德国文化并不是真正的德意志文化。那些自称为“我们就是顶峰，我们就是文化”的德意志当代文化，是一种伪德意志文化。这种伪德意志文化如记者文化和新闻主义等严重侵蚀着德国的教育机构。自由主义和乐观主义的世界观的根源就在于法国启蒙运动和法国大革命，这种世界观是非日耳曼的、完全是罗马的浅薄哲学，必须抵制和反对其在德国的扩展。①

普鲁士国家把自己作为最高原则或被颂扬为最高原则，威胁到了真正的教育机构，威胁到了真正的德国文化，而在根本上威胁到了天才的教育和自我教化。由于德国社会的麻木漠然和对抗力量，德意志天才的代表如克莱斯特、荷尔德林、莱辛、温克尔曼和席勒，过早地凋落或被扼杀。

① Christian Niemeyer Nietzsche als Erzieher. Pädagogische Lektüren und Relektüren[M]. Weinheim u. Basel Beltz Juventa 2016. S. 46.

从养育天才和天才创造德意志文化这个角度来说，德国都不存在真正的教育机构。尼采心目中的一个真正的教育机构就是被德国政府视为威胁并加以镇压的早期兄弟会。

但是，到哪儿去寻找这一温暖的故乡，从而使得德意志天才能够创作其永恒的作品，创造真正的德意志文化呢？

三

尼采坚信，存在着一种不同于欧洲其他国家的独特的德国文化，一种具有统一风格的德国文化，尽管这种文化目前还并不存在。

尼采孜孜以求的高贵的德意志文化的理想原型就是古风时期的希腊文化。这也是尼采《悲剧的诞生》中所不断表明的。他预言这种悲剧精神会在当代德国得到重生。这种重生的标志就是叔本华的哲学和瓦格纳的戏剧。

在尼采看来，古希腊和德意志精神可以作为标准去评价和谴责现存教育体制，还可以作为号召点去创造更伟大、更高贵的文化。尼采相信，德意志精神与希腊古风时代存在着密切甚至神秘的亲缘性。德国文化可以从希腊天才那里的这种永恒的联盟中获益，并将继续获益。德国古典作家关于古希腊的创作已经成为德意志精神的一部分。而且，尼采认为，今天的德意志天才要想寻找古希腊，必须经过德国古典学家。没有他们的帮助，德意志天才难以振翅飞向希腊的魔山。德意志天才如果不挽起希腊天才之手，就难以完成创造真正的德意志文化的使命。只有在希腊天才和体现德意志精神的天才的引导下，德意志文化才能找到自己真正的故乡。

但是，尼采并不是把天才与大众对立起来。相反，天才创作永恒的作品恰恰是为了生命，为了他自己和大众的生命的丰盈。大众的价值在于充当天才的工具，而天才的价值在于通过创造性的生产，去创造新的神话，去提供新的生命视野，生产保护生命的大气云层。这些天才与过去的天才的创作，构成了人类历史上的精神山脉，构成了早期尼采所谓的“天才共和国”。

尼采在《论我们教育机构的未来》中是在要求建立一种基于他在希腊悲剧中发现的原则之上的政治体制。他相信，这一悲剧体制要求一种相应的教育，或者称为一种政治教育。对这个政体的参与，需要一种新的智力习惯和纪律约束，需要一种新的文化的统一性和风格性，因而需要对其成员进行相应的智力和心理装备。

因此，早期尼采所青睐的天才共和国是一种审美的国家，其政治学是一种审美的政治学。尼采的理想国必须满足四个方面：第一，必须体现世界意志或生命之基的音乐特性；第二，必须是这一基础的健康表达，也就是说，在其机构和权力使用中表现出一种体现生命最高发展的统一风格，并与健康的本能相一致；第三，必须鼓励悲剧艺术家或者创作音乐的苏格拉底的发展；第四，不能迎合病态的本能。① 尼采的政治学不是启蒙的政治学，不是理性探究或理性争论的产物，而是一种带有哲学分析的美学共和国，是音乐

① Thomas Heilke. *Nietzsche's Tragic Regime: Culture, Aesthetics, and Political Education*[M]. Northern Illinois University Press, 1998:125—126.

家苏格拉底的政治学。与柏拉图的理想国不同，尼采的理想国是一种审美的国家，不是一种理性的国家。

尼采认为，普鲁士国家绝不是孕育天才、发展文化的天才共和国，也不存在真正的教育机构。普鲁士国家把最有天赋之人都吸引去当官，引诱每个人产生从政的冲动，并把人文中学视为进身之阶的所在。国家自命为文化的引路人，强调所有的教育努力都必须从属于国家的目的。在国家即目的的逻辑之下，德国形成了两个教育队伍。第一个队伍人数众多，充满利益和光环；第二个队伍人数稀少，充满荆棘和坎坷。由于时髦的现代文化和国家的持续引诱，这些较低天赋之人被拖离了其真正轨道，疏离了其本能和本性，背离其服从和服务天才的使命。[1]

那么，真正的教育机构，真正的天才共和国在哪里呢？在拜罗伊特。在《论我们教育机构的未来》结尾，尼采对这个天才共和国做了想象：在一个天才的指挥下，一个原本沉闷平庸的乐队如何变成了引导者和被引导者之间的前定和谐的共同体。[2]

因此，这里的天才指挥家既是悲剧哲学家，也是教化大师，也是政治家。在《论我们教育机构的未来》中，尼采探讨的不仅仅是教育、哲学和艺术的问题，更是政治问题。他的理想的天才共和国是一种悲剧的共和国。在这种共和国里，教育、艺术、哲学和政治是统一的，具有一种鲜明的独特的风格。

《论我们教育机构的未来》强调教育和文化是最为优先和急迫

① KSA. 1. S. 729.

② KSA. 1. S. 751—752.

的事情，优先于国家，优先于宗教，优先于愚蠢的世界；强调要与现代的野蛮作斗争，把人文中学变成战场。国家成为文化和教育的好友也不够，必须成为文化和教育的仆人。《论我们教育机构的未来》最后引用了席勒的革命性戏剧《强盗》以及革命的秘密协会即兄弟会。看来，天才共和国的建立，不仅需要一个天才指挥家，还需要有枪的年轻人。

四

《论我们教育机构的未来》这一带有自传色彩的作品也体现了尼采的个人成长。我们甚至可以从作品推断，那个白发哲学家以及被等待但最终仍未出现的哲学家，就是尼采成长阶段中所出现的两个重要人物：瓦格纳和叔本华。但从这部作品里，我们很难完全理解尼采关于教育的见解，因为那个被等待的哲学家始终没有出现。尼采并未像其所承诺的那样，去完善这部作品，因此，在严格意义上，这是一部未完成之作。而且，由于其采取的是对话的形式，尼采对《论我们教育机构的未来》中的观念保持着某种距离。这个作品带有某种缺憾的神秘性和扑朔迷离。

不过，《论我们教育机构的未来》有其自身的重要地位。它显示了尼采的一种教育转向，一种从《悲剧的诞生》的文化批判到《论我们教育机构的未来》的教育或教化关注的转向；它是一种对大众的劝谕，一种公开的呼吁。

如果说《悲剧的诞生》显示了尼采作为文化医生的诊断，那么，《论我们教育机构的未来》则是在揭示出病苦后，去寻求疗救的药方，其论证的逻辑就是天才的教育与真正的文化之间的密切关系。甚至可以认为，尼采此后的创作就是在寻求疗救，或者说，在往返于更深刻的诊断和疗救之间。因此，可以推论，讲演中白发哲学家所等待的朋友，在《不合时宜的考察》那里是作为教育大师的叔本华，而后来也许是作为教育者的查拉图斯特拉。他们都是孤寂的隐遁的教化天才，都“生活”在远离喧嚣的蓬莱山上，但他们都会下山行使教化职责，他们的生活本身就是一种文化。

关于尼采为什么没有去加工和出版《论我们教育机构的未来》，有研究者认为，尼采发现自己的作品与当时拉加德（Paul de Lagarde）的观点类似，没有什么原创性而放弃出版。但德国当代尼采教育思想研究家尼迈尔（Niemeyer）认为，尼采后来因为与拉加德和瓦格纳保持距离，才决定不出版这些讲稿。[①] 这个说法有一定的合理性，因为至少《论我们教育机构的未来》表现出了明显的瓦格纳的风格，甚至当时的尼采也认为自己应该全力服从和服务于瓦格纳这样的天才。这个作品显然加入了尼采个人的教育经历。

尼采稍后的作品《人性的，太人性的》以及《偶像的黄昏》显示，他克服了瓦格纳和叔本华，走上了自己的教育道路。“成为你自己”“成为你自己的舞者”成为后期尼采教育哲学的新特点。

不过，尼采也深深知道，成为你自己，过一种创造的生活是极为艰难的。查拉图斯特拉刚刚离开一会儿，回来就发现许多弟子

---

① Christian Niemeyer Nietzsche als Erzieher. Pädagogische Lektüren und Relektüren[M]. Weinheim u. Basel Beltz Juventa 2016. S. 56－66.

在崇拜一头驴子。[1] 这也说明，有时人很难摆脱风俗加于自己的奴性以及人性本身的脆弱。《论我们教育机构的未来》和《查拉图斯特拉如是说》都强调真正的教化大师是一种能过孤寂生活的人物，而这种自主的孤寂的生活，对于有些人来说，是难以达到或难以维持的。

因此，早期尼采和晚期尼采的教育哲学对教师与学生之间的关系的理解并未出现根本性的变化，教师必要的权威和指导仍然是教育关系的必要组成部分；扭转习性的学习（umlernen）是异常艰难的，因而仍需要铁的纪律约束；而且，如果人已经可以凭借自己“成为他自己”，那这已经不存在教育和教育关系了，而是已经步入尼采说的自我教化了。

因此，从这个角度来说，《论我们教育机构的未来》虽然只是早期尼采一个未出版的作品，但总体上还是体现了一种尼采整个创作时期的革命性的一致性的教育哲学，尽管对于尼采的另种解释总是可能的。

国际上对尼采教育哲学的理解存在着争议。英美学者多重视晚期尼采的教育思想，把尼采的“超人”理解为一种能够创造新的价值、过一种创造性生活的理想人，尼采甚至被理解为模范的民主教育者。但是，在德国，人们对于早期尼采的教育思想更加关注，认为尼采精英主义教育理想与现代民主社会的教育理念不相符——“也不应相符”，“超人”不可以被理解为教育学概念。尼采

---

① 〔德〕弗里德里希·尼采著，孙周兴译：《查拉图斯特拉如是说》，第 496 - 507 页。北京：商务印书馆，2017 年。

对民主主义、社会主义和女权主义的敌意与他前法西斯和纳粹主义的"思想元素"是一致的，这导致他的教育概念与"操纵、驯兽"等别无两样。正是因为德国的教育阐释者对尼采哲学被操纵和滥用十分敏感，导致他们与英美同事的观点不同，这也是为什么他们对尼采作为教育者这一观点持保留意见。①

也许，《论我们教育机构的未来》这种荒原上的呼吁，对沉溺于时髦的现代文化中的人们来说，并非每个人都能听懂，而是指向特定读者：只有他们才能猜度只能暗示的意义，才能补充所必须省略的内容。尼采后来同样拒绝对号称第五福音的《查拉图斯特拉如是说》作让人容易理解的解释。这里，尼采寻求的是读者与作者的前定和谐。尼采不愿意出版这些演讲，主要是认为它应该且能够变得更好，同时，也担心读者的素质。

这本书既然宣示了教育的秘密，但又不可能向所有人明示。因此，它寻求自己的读者和私人传递。

2008年，在孙周兴先生的激励下，我参与了他所主持的"尼采著作全集"的翻译。本译文参考了周国平先生的中译本和Michael W. Grenke的英译本 *On the Future of Our Educational Institutions*.（Translated and introduced by Michael W. Grenke. South Bend, Indiana: St. Augustine Press, 2004，其中一些

① Eliyahu Rosenow. "Nietzsche als Erzieher" kontra "Nietzsche in der Pädagogik?"：Ein Vergleich der anglo－amerikanischen und der deutschen Nietzsche－Interpretationen am Vorabend des 21. Jahrhunderts[J]. Zeitschrift für Pädagogik 46 (2000)6，S. 867－879.

注释也取自此英文版，未一一标注），在此深表感谢。不当之处，恳请方家指正。

彭正梅

2012 年 5 月 10 日（初稿）

2018 年 5 月 10 日（定稿）

华东师范大学国际与比较教育研究所

图书在版编目(CIP)数据

论我们教育机构的未来:六个公开演讲 /(德)尼采著;彭正梅译.—北京:商务印书馆,2019
ISBN 978-7-100-17067-3

Ⅰ.①论… Ⅱ.①尼…②彭… Ⅲ.①尼采(Nietzsche, Friedrich Wilhelm 1844-1900)—教育思想
Ⅳ.①G40-095.16

中国版本图书馆 CIP 数据核字(2019)第 019750 号

论我们教育机构的未来
六个公开演讲
〔德〕尼采 著
彭正梅 译
孙周兴 校

商 务 印 书 馆 出 版
(北京王府井大街36号 邮政编码100710)
商 务 印 书 馆 发 行
北京市艺辉印刷有限公司印刷
ISBN 978-7-100-17067-3

2019年3月第1版 开本850×1168 1/32
2019年3月北京第1次印刷 印张4⅜
定价:25.00元